从拖延到自律

超级自控力
训练计划

舒娅 ———————— 著

中国纺织出版社有限公司 | 国家一级出版社
全国百佳图书出版单位

内 容 提 要

关于拖延，你也许已经喝下一百碗鸡汤文字了，然而并没有什么用，因为你需要的并不是说教和念叨，甚至不是鼓励知提醒，而是确实的方法和行动。本书从环境、目标、行动、时间、思维等几个方面为你提供了丰富且有针对性的解决策略和训练方案，帮助你养成自律，终结拖延。在任何时间段、翻开任意一个章节，轻快的文字都可以让你实现独立阅读，并有所收获，非常适合我们现在的碎片化阅读习惯。

图书在版编目（CIP）数据

从拖延到自律：超级自控力训练计划／舒娅著. 一北京：中国纺织出版社有限公司，2019.10 （2024.3重印）
ISBN 978-7-5180-6472-4

Ⅰ.①从… Ⅱ.①舒… Ⅲ.①自律—通俗读物 Ⅳ.①C933.41-49

中国版本图书馆CIP数据核字（2019）第167568号

策划编辑：郝珊珊　　责任印制：储志伟

中国纺织出版社有限公司出版发行
地址：北京市朝阳区百子湾东里A407号楼　邮政编码：100124
销售电话：010－67004422　传真：010－87155801
http://www.c-textilep.com
E-mail：faxing@c-textilep.com
中国纺织出版社天猫旗舰店
官方微博http://weibo.com/2119887771
三河市延风印装有限公司印刷　各地新华书店经销
2019年10月第1版　2024年3月第16次印刷
开本：880×1230　1/32　印张：6.5
字数：203千字　定价：42.80元

凡购本书，如有缺页、倒页、脱页，由本社图书营销中心调换

序言：我们为什么会拖延

你是否面临着这样的情况：明明有一大堆任务等待完成，却忍不住要先刷一刷手机，看看搞笑视频、刷刷微博……总之做的都是与工作无关的事情。直到系统提示电量不足了，才恍然想起来一堆任务摆在那里尚无进展。再看看时间已经不早了，干脆留着明天做吧。

不断给自己找拖拉的借口，越是临近截止日期心里越是慌张，最后匆匆完成任务草草收场，结果自然是不尽如人意。这样的状况日复一日，就导致了拖延习惯的形成。

正如塞缪尔·约翰逊所说："我们一直推迟我们知道最终无法逃避的事情，这样的蠢行是一个普遍的人性弱点，它或多或少都盘踞在每个人的心灵之中。"拖延的危害不言而喻：工作质量低下、自我期望降低，甚至会导致焦虑症、抑郁症。

要想摆脱拖延症，成为一个自律的人，首先要明白我们为什么会拖延？

拖延的表现有很多种形式，但究其本质来说，都是源于内心的恐惧。

这个恐惧有两层含义——

第一层含义是，任务本身的艰巨性让我们产生了畏难心理。趋利避害是人的本能，一旦开始做某件事情就意味着要付出体力或者脑力劳动，期间还会面临各种各样的困难，所以我们会恐惧。

第二层含义是，害怕失败，讨厌不成功带来的结果。比如，你接到公司写策划案的任务，却迟迟不展开研究，因为害怕做得不好让公司蒙受损失；再比如你看到一份征稿函，心里跃跃欲试却迟迟不愿动笔，因为你担心投稿被拒。只要做，就有失败的风险，而不做，永远是最安全的。所以我们才会一拖再拖。

任何一个习惯的养成都是经年累月不断重复某种行为的结果。同样，当我们一而再再而三地松懈，拖延就不再是一件需要找借口的事情，而是自然而然发生的行为，这是极其不利于我们的工作和生活的。

与拖延截然相反的是自控。自控力，即自我控制的能力，指对一个人自身的冲动、感情、欲望施加的控制。广义的自控力指对自己的周围事件、对自己的现在和未来的控制感。拖延的人往往是焦虑的，对要做的事有不确定感和难以控制感，因而才会拖延。

从拖延到自律是一个艰难的蜕变过程，但只要能掌握科学的训练方法，我们普通人也能成为自控力超强的大神。谨以本书，献给深受拖延困扰的每一个人，希望对你有所帮助。

目录

星期一
Monday

打造远离拖延的环境

保持办公桌的干净整洁

"桌子好乱啊，很烦躁哎，都不想工作了。"

"哎，周围全是杂物，头脑里也是一片混乱，不能静下心来思考问题了。"

不知道你是否经常发出这样的感慨：办公桌上堆满了各种杂物，水杯、笔筒、抽纸，甚至还有没来得及丢掉的外卖饭盒。这些杂物占据了我们的空间，干扰着我们的工作。

事实证明，混乱的环境会瓦解人的意志，使人变得烦躁不安，做事效率低下。相反，干净整洁的办公桌会让人心情愉快，从而以更积极的精神风貌面对工作。搜狐网就曾指出：年轻人打扫房间不仅仅是为了干净，这背后的逻辑还有"爽"。而我们每天近距离接触的办公桌，更是重中之重，干净整洁的办公桌给人井井有条之感。

Y是一名自媒体公司的编辑，每天的工作除了审稿和写文章之外，还要整理和分析后台数据。Y平日里没有勤收拾办公桌的习惯，同事给的圣诞苹果，吃完后包装、礼盒就丢在桌上，街边扫码送的小礼品、前几天拆开的药品盒子，还有许多纸质的文件，也胡乱堆放着。一个星期下来，桌面上堆满了杂物，甚至挪动键盘都不方便。

Y看到这乱糟糟的办公桌就心烦意乱，更别提集中精力工作了，业绩也是一塌糊涂。窘境中的Y下决心改变现状，她挑了一个风和日丽的日子，把桌上堆积的垃圾和无用文件全部清理掉，清清爽爽的桌面让她的心情顿时明朗了起来。

极简生活能让人把精力放在重要的事上，收拾办公环境能够让人集中精力，提升效率，不至于为了找东西而耽误时间。

在日常生活中，如何保持办公桌的整洁干净呢？

·各种文件、书籍分类摆放

·利用一些文具，诸如笔筒、书立、文件夹等

·定时筛选、丢掉废弃纸质文件和其他垃圾

·保留必需物品，其他的全部扔掉或者赠送给有需要的人

其实这几点建议都涉及一个概念：断舍离。日本杂物咨询家山下英子认为，所谓"断舍离"就是通过收拾家里或者工作场所的破烂儿，也整理心中的破烂儿，从而让人生变得开心和放松的方法。显然，开心和放松的状态更有助于我们集中精力工作。

断，指的就是断绝那些不需要的东西。比如地铁外扫码赠送的小物件、化妆品包装盒，等等。这些与工作无关的东西首先就不应该带到办公桌上。

舍，就是要舍弃多余的废物。比如过期的文件、用不到的文案资料，放在桌上也是徒占地方，不如直接丢掉。

简单来说，"断"就是拒绝一些物品进入办公场所，而"舍"

就是大胆地把一些物品丢进垃圾桶。

离，指的是脱离对于物品的执念。这是一个相对抽象的概念，我这样说就很容易明白了：几本工具书放在办公桌上，总以为某一天查资料时会用到它们，所以一直舍不得带回家。事实是，几个月来一直没打开过。

抛弃了对物品的执念才能独立思考，理性地做出选择，保持办公桌上永远只有必需品，可以最大限度减少对工作的干扰。打扫办公场所、整理桌面，看上去只是清理物品，实则是与拖延之间的一种抗衡。杂乱的工作环境会分散我们的注意力，有时候忍不住要先收拾一番再开始工作，如果能在日常生活中就保持着整洁干净，就会省去很多麻烦。

小陈是一名普通的都市女白领，她有个习惯，就是每隔一段时间就彻底清洁自己的生活环境和工作环境，这种"残风卷落叶"式的大清洁让她的幸福指数常常飙升。在整理杂物的过程中，无数个日日夜夜积累的压力得到释放，与其说清扫是为了干净，不如说是为了治愈自己每天被拖延症和强迫症轮番轰炸的心脏。当她一打开办公室的门，看到办公桌前整整齐齐的景象，心中一片舒爽。

要知道，我们所做的这一切都是为减少拖延服务的。人只有在由内而外都舒适的环境下才能够充满激情和愉悦，从而迅速投入到工作状态。保持办公桌的干净整洁，本质上是对"断舍离"和"极简主义"的践行。

训练02：

收起那些耽误正事的杂物

林子的手机里下载了很多APP，购物的、美妆的、娱乐的、文化的……他每天都要浏览很多遍，周六周日更是完全献给了手机。最糟心的是，每次当他打开电脑准备工作的时候，首先要把手机里面的APP全部刷一遍，不知从何时起，这种"刷一遍手机里所有APP"的行为竟然成了工作之前必做的"仪式"。

这是一个信息大爆炸的时代。据统计，当代人每天接收的信息相当于宋朝人一辈子的信息量，而绝大部分的信息是以手机等客户端做载体，通过互联网传播的。

林子在刷手机的时候浑然不觉时间的流逝，就连工作的过程中都会情不自禁拿起手机，刷一下明星微博，点开微信看一下有没有人给自己发消息，再刷一下朋友圈……时间一点一滴地流失了，工作却没有一丝进展。

像林子这样的人有很多，深受各种APP的困扰。本来手机的发明是为了人们更好地生活，现在却像是人们成了手机的奴隶，明知一遍遍刷手机会浪费时间，却总是忍不住。据统计，现代人每天点开手机的频率是平均三分钟一次。

最可怕的是，工作学习时，手机上的各类通知、淘宝、微博、与他人聊天等都会成为干扰，让人无法专注。可能你觉得碎片化的时间浪费了并不可惜，但实际上你的工作效率会因此大幅下降。当我们从一个专注的工作状态中抽离出来。进行哪怕只有五分钟的微信聊天，也很难进入原有的专注状态。大脑在任务与任务切换时需要时间来调整，才能够进入状态，各种信息无疑对我们造成了巨大的干扰。

除了手机之外，还有其他一些"偷走"我们注意力的东西，比如零食等杂物。

李婉是一个自由职业者，主要运营自己的自媒体账号。每当她坐到桌前打开电脑准备工作的时候，总忍不住要先吃一些零食，或者把玩一会儿抽屉里的化妆品。时间一分一秒地过去，看似在电脑前一坐一下午，其实什么都没做。

任务一拖再拖，心里想着先吃一点东西补充能量吧，或者先看看娱乐新闻，也无伤大雅的。越是这么想着，拖延就越严重，焦虑和压力也蜂拥而至。

因为做自媒体的原因，李婉每天都会收到大量的读者私信，每天早上醒来微信都处于一种快要炸掉的状态，很难一一回复，又担心错过重要信息。于是，她养成了时时刻刻浏览手机的不良习惯，甚至在刷牙的时候都把手机揣在兜里，刷完牙就急匆匆拿出来看一眼。

压力与日俱增，李婉身心俱疲。

如何排除这些琐碎信息和杂物对我们的干扰，集中精力工作呢？

这里提供了以下几点易操作的建议：

· 工作时将手机关机，必要时用电脑登录社交账号

· 卸载非必要APP，同种类型的只留下最好的那一个

· 如每天有大量信息需要处理，可以规划好每天固定的时间回复消息。

· 不断进行心理暗示，不要在无聊的事情上浪费时间

回顾李婉的问题，我们会发现：她总在无聊的事情上浪费时间，比如零食、抽屉里的化妆品。另外，就是对时间的规划不科学，如果她能够像建议中提到的那样，每天固定好时间专门回复消息，生活节奏就不会被搅得一团糟。

其实，拖延不可怕，习惯性拖延最可怕。同样，刷手机不可怕，频繁地刷手机、在工作时间刷手机最可怕。当我们意识到这一点并开始做出改变的时候，我们就成功了一半。把看似空洞的方法论践行到实际生活中，就会发生很大的改变。

纠结也会导致拖延。比如，好几份任务同时摆在面前，不知道先做哪一件事好。再比如生活中一些很琐碎的事情也会让我们纠结：早饭吃什么好，今天穿什么衣服好。纠结看似是一件无伤大雅的事情，实则一直在消耗我们的元气。

美国第16任总统林肯在针对"纠结"上做得很好。他把衣服按顺序挂在衣柜里，每天早上醒来不用纠结，一周下来就按照衣柜里

衣服的顺序穿。林肯是一个工作狂，把所有的精力都献给了工作。他穿衣服的小技巧吸引了很多人争相模仿，少一点纠结就少一分拖延。

只有戒掉了纠结的坏习惯、收起那些耽误正事的杂物，才能让我们的生活更加轻松、工作热情更加饱满，才有可能早日彻底摆脱拖延。

训练03：

远离假装努力的积极废人

"积极废人"是一个网络新词，指的是那些喜欢给自己立flag（目标），但永远做不到的人。这些人通常在心态上积极向上，行动上却宛如废物，总是假装努力，时常为自己的懒惰感到自责，日子就在一天一天的消磨中过去了。对于"积极废人"，网友的总结很到位：间断性踌躇满志，持续性混吃等死。

杨子就是这样一个人，他常常在朋友圈公开立下目标：要在一个月之内完成毕业论文；要在一年内考下某个证书；要坚持健身练成八块腹肌……不过这些话他只是说说而已，朋友圈里偶尔看到他发几张健身房的照片，除此之外再无其他。一段时间后，朋友圈的内容就变成了他的自嘲："唉，又没坚持下去，我真是太失败了。"

杨子没有实现目标，是因为他天生就是一个失败者吗？我想并非如此，而是因为他把过多的热情消耗在树立目标上，却极度缺乏执行力。这类人常常深受拖延症之苦却不愿意做出改变。时间久了，不但耽误了自己的事业，甚至会影响到身边的朋友。

不知道你身边有没有像杨子一样的朋友，努力都是在口头上，真正面对问题的时候却只想着逃避。我们要想远离拖延就要远离这类假装努力的积极废人。常言道：近朱者赤，近墨者黑，如果我们总是和爱拖沓、不自律的人在一起，时间久了就会被同化。

试想一下：你正打算通宵赶方案，旁边的朋友却一个劲地怂恿你："别写了吧，明天还有时间呢，今晚就出去撸串呗！"一次两次你能理性拒绝，次数多了就开始动摇了："别人都过得那么轻松，我干嘛要让自己遭罪呢？"这样的想法一发不可收拾，自然就变得懈怠了。

"积极废人"擅长制订完美的工作计划，但你若与他们共事，十有八九会受到拖累。

凉子和室友一起报了个英语学习的线上课程，报名费颇高。平台有个福利：如果能够坚持学习并打卡100天的话，可以全额返学费。室友发现了这个课程，急不可耐地邀请凉子跟她一起参加。室友的规划非常完美：每天早晨7点起床练习一个小时的口语，然后吃饭上班。

不过，事实却是，当凉子早早从被窝爬起来学习的时候，室友还在睡觉。当凉子已经把打卡的内容发到朋友圈的时候，室友还在抱怨："我最讨厌转发这些东西到朋友圈了！"凉子说："你早知道要打卡的，要是不喜欢的话干嘛还一个劲地要报名呢？"室友沉默了。从此以后，凉子在学习之前都不会叫上室友一起了，因为她知道对方会找出一堆不愿执行的借口，与其这样不如单枪匹马地一个人奋斗。

一方面我们要远离"积极废人"，另一方面我们要避免自己成为这种人。

如何避免成为积极废人呢？有以下几点建议：

·少立flag

flag的意思就是在朋友圈或者当着很多人的面公开自己的阶段目标。古语有云：有志者立长志，无志者常立志。这并不是说我们不能公开树立目标，只是在定目标的时候要慎重，要客观。一口吃不成个胖子，同样，短期内目标定的太高也不容易实现。

·不要用战略上的勤奋掩盖战术上的懒惰

积极废人通常有这样的特点：他们一面喊着要加油努力，同时埋头工作或学习，却从不想着改变一下策略。无论是学习还是工作，努力固然重要，但方法也很重要。正确的方法可以让我们少走很多弯路，但"积极废人"们通常懒得思考。自以为自己努力了，其实只是下蛮力罢了。

·主动远离懒惰、不自律者

远离一样事物就是避免成为他的最好办法，要想避免成为积极废人，首先要远离这样的人。情绪是会传染的，不良的习惯也是一样。

网上流传一段话："你把性格交给星座，把努力交给鸡汤，把运气交给锦鲤。然后对自己说：'听过那么多大道理，却仍然过不好这一生。'"这就是"积极废人"们的真实写照。应该工作的时候用来娱乐，应该专注的时候在网上撒欢，那些我们偷过的懒，挥霍掉的时间，浸泡在垃圾娱乐里的时光，总是会成为我们前进路上的壁垒，以另一种方式惩罚不努力的人。在这个快节奏的时代，无论是老板还是客户，重视的都是最终结果，而不是嘴上的豪言壮语。

训练04:

让自己的生活尽量规律化

作家王小波曾在书中描述过这样一个场景："黄昏的时候，坐在屋檐下，看着天一点点地暗下来，充满了凄凉和无奈。"或许，这句话的本意是作者在感叹时间易逝、人生落寞。但对于拖延症患者来说，这一点的感受比一般人都要深刻。

试想：下午四点醒来，屋内一片寂静，而睡觉之前遗留的任务仍然没有完成，此刻懒洋洋地坐在床上，一想到桌上还有一堆事情要做就觉得烦躁不安；甚至有的人会把该完成的任务一直拖到晚上，白天则上网、刷手机，躺在沙发里，做一个安安静静的"肥宅"。

缺少计划、生活不规律甚至黑白颠倒，成了很多拖延症患者的"心头恨"，纵然内心十分痛恨这样的自己，仍然控制不住。

朋友莉莉就是一个典型的"生活不规律"的例子。特别是年关将至的时候，有一部分工作任务需要下班后在家中继续处理，她却把任务一推再推，回到家中先休息片刻，然后在微信上联系闺密一起出去逛街，逛完商场又逛美食街，城市的灯光逐渐熄灭她才匆匆赶回家中。

这下好了，工作任务只能晚上熬夜完成，或者明天一大早爬起来做了。一直嚷着要早睡早起认真护肤的莉莉其实是很不喜欢熬夜的，可是为了完成任务却不得不熬，第二天顶着浓浓的黑眼圈上班，整个人显得无精打采。本应充满激情的工作却因为她的疲惫不堪而变得无聊枯燥起来，越是觉得无聊就越想拖延，最后又拖到下班后、拖到晚上。

拖延久了就成了习惯，生活不规律让莉莉陷入了恶性循环。

原本应该工作的时间去逛街，应该好好休息的时间拼命赶工作，白天能做的事情偏要拖到晚上做……时间分配不到位，久而之身体也是支撑不住的。人在精神状态好的时候工作效率自然高，如果你颓废、疲惫、恐慌，怎么能充满激情地工作呢？

小米是个大三学生，目前正在准备研究生考试，每天高强度的学习让她心力交瘁，为了劳逸结合提高效率，小米决定每天给自己留下一些放松的时间。她选择的放松方式是跑步：每天早晨在朦胧的雾气中就开始晨跑，直到太阳缓缓升起。

看到这里你会觉得：她的放松方式没有问题啊！运动确实有益于人体健康，不过小米的问题在于：每次她晨跑的时候还在念叨着英语单词，发现自己记不清一个语法的时候，常常跑步途中停下来去百度上搜索。

跑步本来就是一个放松的过程，运动也是需要集中注意力的。在跑步的时候，我们的大脑理应是放空状态，思想自由呼吸。而小米的神经一直紧绷着，表面上是在放松，大脑却没有得到真正意义上的休息。

真正规律化的生活是，在特定的时间做特定的事情，不要让一件事情上的焦虑影响另外一件事情的进行。要想工作规律首先要作息规律，规律的作息才能带来良好的精神状态。人在精神状态好的时候，工作效率自然会高。如果总是半夜刷手机、玩游戏，睡眠不足肯定会影响工作状态，拖延也就不可避免。让自己的生活规律化，在愉悦的状态下做本职工作，会达到事半功倍的效果。

伦敦一所大学围绕人体的最佳睡眠时间做了一项调查，最终得出的结论是：成年人的日常睡眠维持在7~8小时是最合适的，这样的睡眠时长能够给予我们身体最充沛的能量。

《庄子》有云："日出而作，日落而息。"揭示的正是这样的自然规律。在千万年的演化中，人类逐渐找到了最佳生存方案，我们的身体会随着大自然的变化而有规律地运转，各个人体器官也是如此。让自己的生活规律化，我们才能以最佳姿态投入到工作中，获得最大化的效益。

以下几条建议，可以帮助你的生活更加规律：

· 制订计划、合理分配时间

· 给自己留出独立的工作空间，减少干扰因素

· 将休闲娱乐与工作明确划分开

· 设置自我奖励机制，按时作息就奖励自己一个小礼物

· 让家人或朋友帮忙监督

·利用好碎片化时间处理未完成任务

·睡前将手机等电子产品关机并收纳到抽屉里

其实，规律化的生活并没有那么难，坚持一阵子就会成为习惯，人体的肌肉记忆是非常强的，同样你每天在什么时候入睡什么时候醒来也很容易养成习惯。很多人怀揣着"一步登天"式的想法，想要在短期内完全摆脱拖延，这未免操之过急。而停下脚步来，多关注生活本身，让生活的规律带动我们工作上的规律，进而走出拖延。

及时疏解内在的消极情绪

"唉，今天好烦啊，不想工作了。"

"太丧了，真想辞职不干了！"

"今天怎么又下雨了啊，一到下雨天就莫名烦躁，什么都不想干……"

于是，你烦躁地丢下手头正在做的事情，吃起了零食，或者干脆钻进了被窝里睡大觉，美其名曰安慰自己受伤的心灵，遂不知工作为何物。

以上这些场景不知道你是否熟悉？如果你全部"中招"的话，那就要注意了，说明你正在被自己的情绪所控制。

我们总是会关注一些"干货"，一些教我们快速提升自我的方法，却很少着眼于自己的内心世界。科学研究表明：人的生理机能跟情绪状态有很大关系，也就是生理会影响心理。人在积极愉悦的心理状态下可以将能力发挥到极致。同样，如果一个人沮丧、失落、忧郁，那么他的能力必然会折损。

2017年，一个叫杜丽的山东姑娘走进了大家的视野，她是一名射击运动员。一开始她因为在比赛中错失首金而沮丧不已，不愿

意在任何场合提及射击比赛，甚至一度自言自语："不想再打比赛
了。"教练王跃舫知道之后耐心安慰她，帮助她调节心情，把她安
排到原来的宿舍一个人静静地过一段时间，还丢给她一面镜子，让
她对着镜子练习微笑。一段时间过去，杜丽真的走出了忧郁的情
绪，还拿到了北京奥运会女子50米步枪比赛的冠军。

情绪会影响人的工作状态，也是导致很多人拖延的原因。

拿破仑曾说："能控制好自己情绪的人，比能拿下一座城池的
将军更伟大。"这并非他的谦逊之词，情绪的重要性在工作中体现
得非常深刻。

美国著名的汽车公司福特公司曾遭遇一段"寒冰期"，甚至一
度面临着要倒闭的危险。彼时的公司笼罩在一片压抑的氛围下，员
工们垂头丧气、工作时也提不起精神，大家的状态由积极地赶产量
变成了应付差事，公司业绩一路下滑。

后来，新调来的管理者发现了这个问题。他决定把员工们集
合起来，每天一起在公司用餐，他甚至亲自在餐厅一角堆起了烧烤
架，免费为员工们烧烤。大家看到领导人的情绪尚且如此阳光，于
是都变得积极起来。管理者平易近人的态度更是让大家感动不已，
纷纷表示一定要坚持到底，挽救危机边缘的公司。

工人们的情绪高涨，工作效率也有了极大的提高，很快，福特
公司就走出了危机。而这个故事也流传为一段佳话。

管理者的睿智之处就在于，他成功改变了员工的情绪，让他们

以更饱满的热情、更积极的姿态投身到工作中，不再担忧、不再拖延。

生活中不如意事十有八，当我们陷入消极情绪中，要如何快速走出呢？

·倾诉，给压抑的心情一个出口

很多时候我们不是容易悲伤，只是一直被压抑的情绪需要一个出口。这时，我们不妨向自己的好友或伴侣倾诉一番，当然如果你不喜欢向身边的人诉说不快的话，你可以通过文字的形式记录下来。

·进行自我审视，找出消极情绪的根源

这里所说的自我审视是一个自问自答的过程，叩问自己的内心：是因为什么而沮丧，因为什么心生不快，也就是说"丧"的源头是什么。这个问题搞清楚之后有助于对症下药。

·积极寻求帮助，切实解决问题

明白了自己是因为什么而情绪消极的时候，就要想解决的办法，在自己无力解决的情况下，尽可能地向身边人寻求帮助。无论是灵感上的匮乏还是资金上的不足，朋友们都会慷慨相助的。

·通过做自己喜欢的事情来打退消极情绪

人在做自己喜欢的事情的时候大脑会分泌多巴胺，这种激素可以让我们更加快乐。感到沮丧的时候就暂且停下脚步，去做一做自己喜欢的事情吧，爱运动的就去健身房，"吃货"们就去街头巷尾寻找美食。"做自己喜欢的事情"是让我们变得开心的人生宝典。

当然，出于各种原因很少有人能一直做自己喜欢的事情，不过能够在短期内改善自己的情绪也是很棒的。

弗农·霍华德曾说："对消极的情绪有一个明确的了解，就可以消除它。"了解我们的情绪，坦然承认自己受到了情绪的影响，然后理性分析原因，找出变得开心的方法。

情绪是一个变化莫测的东西，不过也是有规律可循的、可控的。当你能掌握上述方法，能够及时疏解内在的消极情绪，就证明你离告别拖延症又近了一步。

训练06：

多跟优秀自律的人在一起

网上曾经流传着一个说法：你周围最亲密的5个朋友的水平基本上决定了你的水平。这里的"水平"不仅指的是收入水平，还有学历水平、与人沟通的能力。虽然这句话的描述不一定精确，但表达的观点大致客观：物以类聚、人以群分。

前面我们说到，要远离假装努力的积极废人，同时我们也应当向优秀自律的人靠近。优秀自律者像一道光，照亮我们的世界，让我们也变得动力满满。

在我上大学的时候，隔壁寝室总共4个人，个个都是学霸。大四的时候，当别的同学还在为找工作而发愁，为未来的走向感到飘忽不定时，她们已经找到了自己的方向：两个人去了国企、一个人在知名的英语辅导机构当任课老师、还有一个人进了世界五百强。

这个"学霸宿舍"成了我们学校一个神奇的存在，大家都很好奇，是什么造就了一个寝室的成功。后来有一次，偶然在学校食堂遇到隔壁寝室的A同学，于是一起吃饭，聊天的过程中A同学告诉我："我高考是超常发挥进来的，刚进这个专业的时候学习老是跟不上，还想着偷懒。可是没想到她们一个个都那么拼，当我还在睡懒觉的时候她们早早就起床去自习室早读了，就由不得我不努力了。"

一个寝室就是一个小天地，什么样的氛围造就了什么样的结果。A同学原本不思进取，本想得过且过地度过大学四年，可是却幸运地遇上了一群努力上进的室友，推动她也取得了成功。

你想，当身边的人都在背书、刷题的时候，你还会有心思打游戏、煲韩剧吗？答案自然是否定的。同样，当身边的朋友都在努力工作、拼命赶业绩的时候，你还会总是想着偷懒吗？

多跟优秀自律的人在一起，时间久了我们也会变得更加优秀和自律。一方面是因为优秀的人给人施加了一定的压力，为了和优秀的人齐头并进，我们只好更加努力。另一方面是因为优秀自律的人能起到榜样作用，健康的人会教我们保重身体积极锻炼、快乐的人会教我们用阳光的心态面对生活。

前阿里巴巴首席CEO马云曾说过一句著名的话："我的对手不在我身边，在我身边的都是朋友。"有些人会把身边优秀的人视为对手、视为用力超越的对象，但马云这句话给我们的启发是：和优秀的人做朋友，从他们身上汲取知识或经验，帮助我们更好地成长。

跟弱者在一起确实零压力，并且能让我们感到自信，但这种自信是摇摇欲坠的，它的本质是对强势力量的恐惧，是不利于我们提升的。如果总是选择和比自己弱的人打交道，而不主动向优秀的人靠近，我们就会永远在原地打转，而工作的本来目的，是为了螺旋式上升。

自律的人不一定优秀，但优秀的人通常都很自律。自律的朋友、自律的伴侣，都会对我们有着潜移默化的影响。

Lily这一年来的变化着实令人吃惊，用"脱胎换骨"这个词来形容也不足为过。一年前的她每天浑浑噩噩，在小县城的一所学校教书，每天上完两节课之后就回到家中，无所事事地看起电视，有时候懒得连饭都不做，一日三餐都靠外卖解决。衣着打扮上更是随意，"反正又没人看我。"她总是这么念叨着，梳妆台上的化妆品都蒙上了灰尘。

直到她遇到了Y先生。Y先生是学校外聘的英语老师，整个人由内而外都散发着独特的魅力，待人接物温和得体，他的办公桌永远是整个办公室最整洁的那一个。攀谈的过程中Lily了解到，Y先生只是暂时在这边教学，一段时间后会回到省会继续搞教学研究，生活中的Y先生热爱旅行和摄影、规律健身，他的电脑桌面就是一张他亲自拍摄的星空图，深邃、明亮，直击Lily的内心。

Y先生优秀又自律的形象也刻在了Lily的心里。她喜欢上了一个如此卓越的人。为了和Y先生更般配一点，Lily开始注重打理自己的外形，工作上也更加努力了，教学之余也开始在网上写文章，发展自己的副业。

渐渐地，她变得越来越优秀了，就连以前爱拖拉的坏毛病也一并改了。在这个过程中，她几乎忘记了自己为什么要用力地做出改变。直到Y先生主动和她表白的时候，Lily才恍然意识到，在努力蜕变的过程中，真的离理想型的自己越来越近了。

优秀又自律的人就像一道光，吸引着我们靠近。这不是向强者的谄媚，而是向榜样的学习。而真正优秀的人通常不会吝啬自己的才华，反而会很乐于跟我们分享经验、传授方法。

向优秀的人学习——我们会变得更加优秀——当我们变得更加优秀之后会有更多的人主动结识我们，这是一个良性循环的过程，在这个过程中我们收获的不止是人际关系，还有实实在在的提升。

法国作家哈伯特说："对于一只盲目航行的船来说，所有的方向都是逆风。"因此，在前行的道路上，我们需要找到自己的航向，而优秀又自律的人就是我们的罗盘，引导着我们找到事业的新大陆。

你或许会问：优秀的人凭什么愿意帮助你？其实，向优秀的人靠近并不一定是为了寻求帮助，优秀的人拥有自律的品质，这种品质本身就足以感染身边的人。那你或许会说："可是周围都是跟自己差不多水平的人啊。"

这里就涉及一个问题：如何找到优秀且自律的人呢？

· 跳出原本的惰性生活状态，主动向优秀的同事、朋友请教

· 利用互联网及时了解行业信息

· 关注行业中的佼佼者，通过互联网平台汲取经验

· 适当参加一些业内成功人士的分享活动

·大胆迈出第一步，主动结识优秀者

其实，还有很关键的一点是：努力把自己分内的工作做到极致。当你的表现足够优秀的时候，自然会有很多人注意到你，那些优秀且自律的人也不例外。"千里之行，始于足下"，自律，就从此刻开始吧！

设立有切实意义的目标

训练07：

用目标改变虚耗精力的状态

美国著名演说家博恩·崔西曾说："要达成伟大的成就，最重要的秘诀在于确定你的目标，然后采取行动，朝着目标前进。"

没有目标的人生是索然无味的，安然虚度每一天，朝九晚五地上班下班，却不知道这一切是为了什么，枯燥乏味的生活最为难耐。而目标是你生活的调味剂，是平淡日子里的期许，有了目标的存在，你会更有动力，而实现目标之后的欣喜也是弥足珍贵的。

汉语对"目标"的解释是：对活动预期结果的主观设想，是在头脑中形成的一种主观意识形态，也是活动的预期目的，为活动指明方向。具有维系组织各个方面关系构成系统组织方向核心的作用。

通俗地讲，目标就是你想做成一件什么样的事情，想得到什么东西。目标的重要性不言而喻，查士德菲尔爵士曾这般形容："目标的坚定是性格中最必要的力量源泉之一，也是成功的利器之一，没有它，天才也会在矛盾无定的迷径中，徒劳无功。"

下面这个场景你一定很熟悉：

明明什么都没做，一个假期就过去了。回想这个假期几乎一无所获，看起来做了很多事情，一会儿学习职业知识，一会儿和老友聚会，一会儿为了拓展自己的社交能力而学习外语……不过好像每件事情都没有深入，总是糊弄糊弄就过去了。而且，你还会觉得很累。好像每天都在忙忙碌碌，但回首来路却一无所有，身体上疲惫，心也累。处于一种虚耗精力的状态——即明明做出行动了生活却没有什么改变。

人们之所以会觉得自己在"瞎忙"，就是因为心中没有一个明确的目标。当你有了目标之后，就会把精力用在正确的事情上，专注力提升，努力的过程就没有那么辛苦了。即便会感到疲倦，也是把精力放在正确的事情上，总比瞎忙白白浪费好，心中的成就感是十足的。

哈佛大学有一个非常著名的关于人生目标的调查。调查对象是一群智力水平、家庭条件相当的大学生。研究人员对他们的人生目标进行了采访，其中有27%的人没有目标，60%的人目标模糊，10%的人有清晰的、短期的目标，3%的人有清晰且长期的目标。

这项跟踪调查持续了25年。25年后，研究者再一次找到当年参与调查的这批学子，调查结果颇有趣：那些为数不多的有清晰且长期目标的人，多年来一直不曾动摇，在目标领域持之以恒地努力，成为了社会各界的顶尖成功人士，收入甚至碾压其他97%的人。

而那10%的拥有清晰且短期目标的人，在各行各业也是过得风生水起。他们大多对短期目标饱含热情，努力实现一个又一个短期目标，渐渐成为了同行中的佼佼者。他们的职业大多分布在工程师、医生、律师……

剩下的人则大多处于社会的中下层，他们浑浑噩噩地度过大半生却一无所获，不知道自己每天在忙什么，稀里糊涂地虚耗精力，整日抱怨，与社会格格不入。

越是清晰的目标越能让我们把时间和精力集中在重要的事情上。此刻，不妨拿起你手中的笔，在面前的纸上列出一份"目标清单"：

· 你想在哪个领域获得成功

· 具体想得到什么样的收获

· 为了实现这个目标你要完成哪些事情

· 把这个事情分摊下来，每一天需要完成多少

· 思考在完成这件事情的过程中可能遇到的阻碍

· 你可能会因为什么原因放弃目标

· 怎样克服实现目标过程中的困难和阻碍因素

· 如果发现目标不恰当该如何调整

· 除了当前方案外是否还有plan2（备选方案）

· 你需要和谁一起完成这个目标

没有目标的人生就像是沙漠中跋涉的车队，在诺大的沙漠里很容易迷失，而目标就像是头顶的北斗七星，指引着我们前进的方向。试想，如果没有北斗七星，你很可能会在沙漠里兜兜转转却找

不到出路。努力了吗？确实。不过你连努力的方向都没有，怎么会成功呢？

树立清晰的目标吧，让它带你走出虚耗精力的状态，把时间花费在那些值得的事物上。

训练08：

掌握制定目标的SMART原则

"请大家在纸上写下你们每个人的目标，以及希望自己用多久的时间去完成这个目标。"

这样的话，你一定听过不止一次。在刚进初中时，老师会跟我们说："要有目标才能有努力的方向。"在初入职场时，领导跟我们说："要有目标才会有前进的动力。"但你真的认真思考过你的具体目标是什么吗？还是说只是简单地在脑海中勾勒出一副未来的蓝图，草草了事？不具体的目标就好像是泡沫幻影，被现实这根针轻轻一扎就破碎了。

拉尔夫·瓦尔多·爱默生曾经说过："世界会给知道自己要去哪里的人让路。"

然而，光知道自己要去哪里还不够，还要知道自己前进的方式和速度，以及预期何时到达目的地。同样，目标的制定也要遵循一定的法则，这里我们把它称作：SMART法则。

·S(specific)：明确性，不能笼统和抽象

明确性，就是要用具体的语言清楚地说明要达成的行为标准。

"你的目标是什么？""我想在这座城市买一套房子。"这样的目标就是笼统的，你可能永远抱着想买一套房子的念想，却永远不能实现。拥有明确目标的人会在心里具体规划好：这片区域的房价是多少，一套房子需要多少钱，那么分配到每一年需要存下多少房款基金，你需要为此做出多少努力。

再比如，你的目标是增强自媒体平台的粉丝黏度。"黏度"是个很抽象的范畴。具体应该落实到各个维度比如：每篇文章的点赞率、与粉丝之间的互动频率，以及平台的变现能力。

科学的目标第一大特点就是明确，而非笼统和抽象。

·M（measurable）：衡量性，即需要数量化

衡量性，就是要有具体的数据来衡量你是否达标。

这里涉及两个重要元素：目标指数、实时衡量指数。

举个简单的例子：A先生开了一家英语辅导机构，目标是在三年内把这所机构打造成地方赫赫有名的机构。这里的"赫赫有名"是个形容词，也是很难衡量评判你是否达到目标。

对这一目标的修订是：培养出1000名考到"高级口译"证书的学生，帮助500名学生通过雅思、托福考试。这样一来目标就变成了可以量化的东西，你很容易通过结果来判断自己是否实现了目标。"数量化"正是此意。

·A（attainable）：可实现性，指付出努力可实现，目标不可过高或过低，要适度

可实现性，就是通过现有的时间规划和执行力，确保可以实现

的目标。

常言道:"壮志凌云"。但最好的目标不在于它有多高多伟大,而在于你利用现有的努力和资源是否能实现它。人虽不可好高骛远,亦不可自惭形秽,在设立目标的时候应当科学把握,设置那种"跳一跳就能够得着"的目标。

100万元的启动资金妄想盖80层的高楼,小学英语水平想一次性考下托福,新开的公司想要在3年内赶超世界500强,字都没认全的人在想一夜之间成为大文豪,这些不是目标,而是不切实际的幻想,到头来只能是"竹篮打水一场空"罢了。

如果你的目标是月薪2万元吃得起路边的烧烤摊,文学硕士一气呵成写完一篇散文……这未免过于低了,倒有几分好笑的意味。

聪明的人会给自己设立努努力就能达到的目标,这样的目标才有意义,才能成为我们前行的动力,成为引导我们前行的启明星,而不是可望不可即的海市蜃楼。

·R(realistic):相关性,与主要目标有关联

我们日常生活中会设立很多"子目标",这些小目标的前提是服务于整体的、较大的目标,二者是互相联系的。

"你有目标吗?""有啊,要努力考下国家级证书、要赢得下一次英语口语大赛的冠军,还有……"这是Lucy最近的目标,Lucy将来想当一个英语翻译,所以她设定的这些小目标都是为以后"当翻译"的大目标服务的。如果说她去考金融风险管理师的证、去学

Python的课程，就与总目标相差甚远，是不太科学的。

·T(time bound)：时限性，即完成目标的时间期限

时限性，就是目标的完成需要用多久的时间，在这段时间内确保你能够定期核实进度。

比如，你给自己的目标是要在一年内写完一本长篇小说，那么这个"一年"就是时限，分配下来一天约莫写多少章节，自己心中非常清楚。如果你总是嚷着："我一定要写一本属于自己的小说！"那你可能永远也不会提笔，或者提笔后却不能持之以恒，因为你心里没有一个时间限制，就会一拖再拖。

闺密声称自己要减肥，口号喊了好几年了，体重却一点儿不见减少。如果她能够给自己设定明确的完成目标的时间期限，每个月减去多少斤，那么规划到一日三餐要如何搭配，事情就不会那么糟糕了。

了解了SMART法则，关于如何科学地制定目标你一定有了明确的方法。那么，此刻就付诸行动吧！拿起你手中的笔，认认真真写下你想达到的目标。

训练09：

为目标附加截止期限（deadline）

截止期限英文意为"Deadline"，指的是我们在完成一项任务的截止时间。跟SMART法则中的"时限性"有异曲同工之妙。为什么我们的目标需要deadline呢？看看下面这个例子你就知道了。

Helen是一名编剧，在影视行业工作很多年了，导致大学里学的理论知识有很多都记不清了，于是她想重温一遍莎士比亚的剧作，帮助自己重新想起教授曾经在课堂上讲过的东西。这个方法听起来非常巧妙，既温习了名家名作，又能唤醒自己对大学课堂的回忆。

可执行起来却万分困难，今天接了个新剧本，明天要改老剧本，好不容易到了假期又想带家人出去旅行，基本书翻来翻去还停留在那一页。

在发展迅速的知识时代，很多人想要通过读书来丰富自己，这种想法本来没错。但总是以三天打鱼两天晒网的态度，什么时候才能读完一本书呢？而读书本就是一个连续的过程，但凡间断了一两天，再看情节就会觉得生疏。

这时候就需要deadline来发挥它的作用了，给自己设定一个完成任务的时间，比如，要在一周之内看完这本书，那么平均每天看多少页。这个数字不需要万分精确，但最起码要"八九不离十"，这样执行起来才不至于仓促。有了这个deadline的小压力，也正是有了看书的动力。

《博赞学习技巧》里面有一个非常好的建议：在所选择的读书章节的起始位置和终止位置各夹一个书签做记号，以明确阅读量和阅读范围。每读完一部分就离最终目标更近一步，接近deadline的欢喜也逐渐浮现。

关于deadline有一个非常好的工作方法，这里分享给你：番茄钟。番茄钟的整体内涵就是：工作25分钟+休息5分钟，有些精力充沛、注意力较强的人可以将工作时间合理延长，至于大脑休息时间5分钟足够了。我们的大脑是最高效、最智能的生物机器，其潜力超乎你的想象，所以完全不必担心大脑会无力承受所输入的知识量。

没有deadline的个人通常很慵懒、常常为自己找借口。而对于一个公司或企业来说，缺少deadline无疑会导致非常严重的问题出现。

A公司和B公司早在几年前就谈好了合作。A公司向B公司提供原材料，而B公司向A公司提供人才输出和技术指导，双方秉承着互利共赢的原则，一直处于良性合作状态。直到今年年初却发生了一件不愉快的事情：A公司很早以前就许诺给B公司的原材料一拖再拖，后者每次催促起来对方都回复："再等等，最近物流不太通畅，再等等……"

这一等就是超时好几个月。最终以B公司解除与A公司的合作为结局。在那以后B公司找到了更好的合作方，而A公司只剩下一大批来晚了的材料无处安放。

这个案例给我们的启发是：光有deadline还不够，我们还得在规定的deadline之前给自己另外设定一个截止时间，做好万全之策，即使中间有事情延误了一小段时间也没关系。

A公司正确的做法应当是：领导层给下设的部门发送的deadline，应当是在B公司规定的时间之前的一段时间，早一点运货，这样即便是途中因为天气等原因稍微延误，仍能在约定时间内完成。把deadline稍往前调一点，其实是"未雨绸缪"的运用。

在设立deadline的时候也需要遵循一定的原则：不能太过迟缓，也不能操之过急。如果你把deadline设置得很晚的话，会失去行动的动力，恰恰会导致拖延，心里想着"反正还有很长时间呢"。如果把deadline设置得过早的话，则容易产生焦虑感、过度紧张感。合理的deadline可以督促我们采取行动、减少无效思维耗损。

如果把工作比作一个闯关的过程，那么deadline就是关卡最后的那个红色按钮，努力冲刺过去，按响它，你的工作也就取得了阶段性胜利。

你是自己人生的主人，只有你自己才能主宰自己的人生。每一天要怎样度过，努力或者颓废都取决于你自己。所以，给自己设定一个deadline吧，明确每天的任务，努力向最终的胜利冲去，如果能在deadline来临之前完成任务就更好了。

训练10：

把大目标分解成小目标

"新的一年我一定要收入翻倍！"

"我一定要在半年内瘦成一道闪电！"

"我的理想就是环游世界啊……"

以上几句话不知道你是否眼熟？很多人热衷于树立伟大的目标，信誓旦旦地把宏大的目标挂在嘴边，可是话音未落还是照旧懒惰、迷茫，如同无头苍蝇不知去向。目标最可贵的地方不在于它有多大，而是实现的可能性有多少。只有把大目标分解成小目标，才能一步一个脚印，循序渐进地实现它。

美国专栏作家威廉·科贝特曾有过一段迷茫的时光，彼时的他迫切地想要在文学创作上有所造诣，如同很多热爱文字的人一样，他渴望写出惊艳人世的"鸿篇巨制"，但具体要从哪个角度入手却是一头雾水，一度陷入绝望和自卑之中。那时的他看似有目标，但却不具体。

有一次威廉在街上遇到了好友，便向他倾诉了自己的苦恼，好友听说后也不安慰他，只是对他说："去我家坐坐吧。"威廉很是吃惊地看着好友："从这里到你家最起码要走好几个小时啊，恐怕到那之后脚都磨破了。"朋友见状，对他说道："那我们就四处走走散散心吧！"

于是，两人边走边聊，走到了动物园，又走到了大广场，一路上看到了不少景致，不知不觉间竟到了朋友家中。威廉很是迷惑。好友对他说："今天走的路你要记住，无论做什么事情，目标要有，但你更要享受这个过程，把目标分割成一个个小段，执行起来就会相对简单。"

听完好友这段话，威廉顿时有了"听君一席话，胜读十年书"之感，此后的他不再焦急地渴望一个巨大的成就，而是设立一个个很小的目标：比如每天要写出多少字、这个月要在哪本期刊上发表文章……把目标变得细化了之后，威廉的生活变得轻松很多、有规律了很多。后来，他终于写出了著名的《交际》，成为了一名非常优秀的专栏作家。

在我们分解目标的时候，还要注意它的"可考核性"。

常常有人会设立一些很空洞的目标，比如：成为一名学霸、新的一年暴富、找到一个优秀的伴侣……但却没有给自己明确标准：要达到什么样的水平才算学霸呢？是名次排进专业前十名吗？还是说要把期末考试的卷子做到满分。什么样的经济水平才算"暴富"呢？是月薪翻倍，还是炒股盈利呢？而"优秀的伴侣"的定义又是什么呢？是学历要达到什么水平，还是外形上的完美无缺呢？

可靠的目标具有可考核性、可测量性，是可以用某项指标来衡量的。这样在逐步前行的过程中才能及时对照目标，看自己有没有偏离航道，方便及时作出调整。

如果你拟订的目标需要很多年来完成，那么在每一年、每一阶段你应该取得什么样的成就呢？这也是一个值得考虑的问题。正如歌德所说："每一步都走向一个最终要到达的目标，这并不够。应该每一站都有一个目标，每一步都自有价值。"

Z同学在大学时期，她的老师曾经找她谈过一次话，那次谈话无疑改变了她的人生。

老师问Z同学，你的人生目标是什么？Z同学坦言是希望有朝一日能够出版自己的音乐专辑，成为一名最优秀的女演员。接着老师跟她说了一段令她终生难忘的话：

"好，既然你确定了，我们就把这个目标倒着算回来。10年以后，你28岁，那时你是一个红透半边天的大明星，同时出了一张专辑。"

"那么你27岁的时候，除了接拍各种名导演的戏以外，一定还要有一个完整的音乐作品，可以拿给很多很多的唱片公司听，对不对？"

"25岁的时候，在演艺事业上你就要不断进行学习和思考。另外在音乐方面一定要有很棒的作品开始录音了。"

"23岁就必须接受各种培训和训练，包括音乐上和肢体上的。"

"20岁的时候就要开始作曲，作词。在演戏方面就要接拍大一点的角色了。"

听到这里，Z同学感到一阵压力。明明很遥远的目标肢解、分配下来就变得如此清晰。而那个时候的自己仍然处于安逸的状态之中。老师的话让Z同学犹如醍醐灌顶。她意识到要想实现长远的目标就必须要早作准备，把宏大的人生理想划分成一个个小目标，这样大目标才能水到渠成般地实现。

10年后，Z同学果真成为了国内外知名的女演员，也推出了自己第一部音乐专辑。

人生就像一场马拉松，如果你总是盯着终点不放的话，只会在途中感到一次次的疲惫。一次次抬起头却发现目标遥不可及。但当你把漫长的征途划分为一段一段，每当你到达一站的时候心里都会充满无尽的欢喜，然后充满激情地冲向下一站。

目标亦是如此，有宏远目标的人确实高瞻远瞩，但如果按照时间或者任务量把目标拆解成一个个小目标，会让你实现目标的可能性更大，过程更轻松。

训练11：

每天都要有可实现的目标

美国作家唐·马奎斯曾说："拖延是止步于昨日的艺术。"

那些身陷于拖延的人，难道不想及时完成任务吗？并非如此。相反，他们渴望完成任务的念头或许比一般人还要强烈。可问题就在于，他们喜欢把工作任务积压在一起，留在最后的时间里完成，错误地认为自己具备短时间内解决所有问题的能力，殊不知问题就像是滚雪球，早在拖延的过程中越滚越大，直到最后你完全招架不住。

其实，这种心理是懒惰的表现，大量累积的任务能在一定程度上提高我们的工作效率，但一不小心就会适得其反，焦虑、恐慌、时间紧迫感……这一切都会分散我们的注意力，甚至能让心理素质不好的人全盘崩溃，还容易给人造成错误的认知："看，我多勤奋，我最近都在拼命工作。"

真正明智的人，不会高估自己的体能和精力，也不会打着"勤奋"的幌子把昨天、今天、明天的事情聚集到一起，留着后天完成。正确的做法是：把大目标分解成小单位，确保自己每天都有可实现的目标，一方面能让我们看到肉眼可见的进步，另一方面能保证自己的思维不掉线。

我们都听过这样一个故事：一只蜗牛拼尽全力想要到达葡萄架的顶端，它的最终目标就是赶在葡萄成熟之前爬到高处。作为一只渺小的蜗牛，它触手可及的世界只有周围几厘米，想要爬到高高的葡萄架上简直比登天还难。

树上的鸟儿嘲笑它："你现在就爬上来干嘛，葡萄成熟还早得很呢！"蜗牛笑笑，答道："等我爬上去它们就成熟了。"鸟儿天生就有一副翅膀，蜗牛穷极一生才能做到的事情，它们只要轻松地扇动翅膀就可以做到。但处于劣势的蜗牛并没有自怨自艾。相反，它能未雨绸缪，早早地做好规划，把"爬上葡萄架顶端"的终极目标划分到每一米、每一厘米，然后是每一天、每一分、每一秒，保证自己每天都有任务可以完成，这样每一天都不会被虚度，每一天都能离梦想更近，积极性高涨，效率也变高了。

艺术来源于生活，同时高于生活。蜗牛的故事并不是人们空想出来的，而是"每一天都要有目标"这件事对于普通人来说确实有着不同寻常的意义。

H是一家广告公司的普通职员，他的日常工作就是按照客户方的要求写产品文案。这几年公司的生意越来越好，他每个月要完成的任务量也由原来的10份变成了20份，按理说他应该工作得更加卖力才是，但他的实际生活状态却完全没有改变。

H最喜欢月初的时候了，这个时候的他不必担心截止日期的到来，每天优哉游哉地过日子、刷网页，等到一个月的中下旬了他就开始着急了。客户给的时限常常都是一个月，已经很宽松了。懒惰的H不好好珍惜公司的栽培和客户的理解，平时不努力，一到月末的时候却成了一副"拼命三郎"的模样，每天熬夜、披星戴月地赶任务，还不忘更新朋友圈：一杯咖啡的图片，配上一段文字"年轻，就是该努力！"

试想：如果他能把任务合理分配，每天完成一点点，也不至于这么辛苦。把工作任务滞留到最后期限也是对自己身体的伤害，年轻意味着活力，但不意味着一度的消耗。而且，在这种状态下也无法保质保量地完成任务，后期还会惹来一系列麻烦。

冰冻三尺非一日之寒，没有人的成功是一蹴而就的，如果抱着中彩票一般"一夜暴富"的急躁心理很难做好自己的事情。成功来源于一点一滴的积累，目标的完成需要每一天的努力。如果把目标比作一棵树苗，那么每天都要给它浇水、定期施肥，才能长成一棵参天大树。

如果你想要减肥，那么就给自己定下一日三餐具体吃什么的目标；如果你想健身，就给自己明确每天晨跑多少公里，每天在健身房锻炼多久；如果你想成为一位销售精英，就给自己定下每月售出多少产品或是成交几份订单的目标。当你有了每天的目标之后，就会发现整个人生都变得不一样了，你不会再浑浑噩噩、虚度光阴，那些消耗在手机、被窝里的时光也会被你分秒必夺地利用起来，每一天都活成一个斗士，而不是一个勉强打发时光的庸人。

《老子》有言："合抱之木，生于毫末；九层之台，起于垒土；千里之行，始于足下。"

学习需要长期的积累，追求事业也需要日复一日的努力。从今天起，就给自己设立每天的小目标吧，每天清晨时分动力满满地起床，你将不再眷恋被窝短暂的温度，而是充满活力地投入到崭新的一天中。

训练12:

列好实现目标的具体步骤

"新的一年你有什么目标吗？"

"有啊，今年想做的事情还蛮多的呢，想考初级会计师证书，给自己充充电，如果经济允许的话还想带家人出去旅行一趟，工作之后陪伴家人的时间就不多了。"

"那你准备几月份带家人出去旅行呢？"

"还不确定呢，等证书考完的吧。"

以上的对白你是否感到很熟悉？我们总是习惯性地在新年来临之际立下一个个目标，有些人为之付出具体的努力，但有些人只是说说而已，等到年末的时候回首过往的一年，发现自己仍然一无所获。

每个人都想实现目标，但为何结果各不相同呢？原因是具体步骤的设计与否。

光有目标只是有了大致的方向，如果你不规划好具体的前进步骤，那么很容易在紧迫的时间面前变得手忙脚乱。语言堆砌起来的目标仿佛细沙建造的城池壁垒，风轻轻一吹就散了，唯有一步一个脚印，踏实地前行，才能走出一片属于你自己的城池壁垒。目标永远是空洞的，支撑我们的是细节。

巴尔扎克是法国19世纪著名的批判现实主义作家，刚步入文坛那几年他并不出名，空有一身抱负的他对未来感到一片迷茫，甚至自以为很好的剧作《克伦威尔》得不到世人的认可。人人心中都有一个英雄梦，或是为人类的健康事业做贡献，或是在文学界留下璀璨的一笔，巴尔扎克也不例外。

彼时的他充满雄心壮志，却对自己的人生缺少规划，从商失败的他终于清醒了过来，开始静下心来思考自己想要的究竟是什么？此后，便专心致志地投入文学创作当中。巴尔扎克一步步明晰自己的心之所向，以及为此要做出哪些努力，如果说悲喜剧的创作是他走向目标的第一步，那么后来的小说创作则使得他进一步向自己的终极目标迈进。

1831年出版的《驴皮记》让巴尔扎克名声大振，经过这段时间的摸索，他找准了自己的定位，开始把重心放在小说创作上，在后来几年里，陆续出版了《高老头》《欧也妮·葛朗台》《入世之初》等作品，成为法国文学史上一颗耀眼的明星。

巴尔扎克的明智之处在于，他能清晰地知道自己的文学梦想，然后为之做出具体的、可见的努力。一步步尝试，剧本创作这条路走不通就换成小说，总能找到一条合适的、将他向梦想推近的道路。

一个庞大的目标可能需要很多年的努力才能够实现，把长远目标拆解为阶段性目标，再具体分析你的每一个阶段性目标，制定出实现它们的方法，这个就叫具体步骤。

N先生想要在本职工作之余考到注册会计师（CPA）证书，于是他从网上搜索了很多备考攻略，记录到笔记本里。他的备考规划是：每天早上6点起床，趁着记忆力最佳的时间背诵前一天晚上在书上圈出来的知识点。7点吃早饭，8点钟照常上班，晚上下班后回到家中上2个小时的网课，看完课程后开始刷往年真题，自己钻研重难点，周末的时候约上会计专业出身的朋友一起去喝咖啡，喝咖啡的过程也是交流的过程，N先生会在这期间向朋友咨询一些疑难问题。

两年后，N先生如愿考到了CPA证书，这个在很多人眼里很难、含金量也很高的证书。身边的同事都感到很惊讶，同样是朝九晚五，同样是在一家小公司做普通职员，N先生怎么就收获了比别人更多的东西，他是怎么做到的呢？

其实，N先生早就用实际行动证明了自己。对于他来说，目标绝不是仅仅挂在嘴边的事情，而是由很多件需要严格执行的小事组合而成的，具体到某一个时间段、每一个知识点，这些都是实现目标的具体步骤，是比"目标"这个抽象的事物本身更值得关注和投入精力的。

当我们注意到这一点的时候，就会发现：一个宏大的目标之所以难以达成，不是因为它本身遥不可及，而是在实施具体步骤的过程中会面临种种困难和阻碍，如果能针对每一个步骤找到特定的处理方法，把原来宏大的目标转化成严格执行每一个小步骤，内心就会少了对大目标的畏惧，多了几分坚定，追寻目标的过程也就没那么艰辛了。

那么，现在请拿起你手中的笔，认真思考并写出以下几个问题的答案：

· 你想实现什么样的目标？

· 为了实现这个目标你需要花多长时间？

· 要想实现这个目标你需要做哪些事情？

· 第一步是什么，需要在什么时间完成？

· 第二步、第三步，以及后续呢？

· 你的早晨、睡前这两个黄金时间段如何安排？

· 如何完成这些具体的、细小的步骤？

· 当你遇到瓶颈的时候要怎么解决，咨询专业人士、上网查询资料或是其他？

战国时期丞相李斯曾著《谏逐客书》，文中有言："泰山不让土壤，方能成其大；河海不辞细流，方能就其深。"意为：泰山不排除细小的土石，所以能那么高；长江不舍弃细小的河流，才能很深远。放在这里也是同样的道理：要想成就一个大的目标，就不能疏忽其中的每一个具体步骤。

训练13：

有变动及时调整目标计划

　　前面我们说到，当有了目标之后，要列好实现目标的的具体步骤，坚持不懈地追求。一切建立在语言上的目标不过是一张空头支票，唯有脚踏实地付诸行动，目标才有实现的可能性。然而，一味地执着很有可能会变质成为顽固，毕竟在追求每一个目标的过程中我们都需要付出一定的"机会成本"。

　　"机会成本"在经济学上意指一个企业为了经营某一项经济活动而放弃了另一项活动的机会，以及在这个过程中投入的最大成本，包括时间成本、经济成本，以及放弃了除此之外其他的可能性。

　　同样，我们在设立目标的时候也是如此。一旦我们下定决心在某件事上下功夫，就意味着我们要放弃其他事件可能给我们带来的效益。比如当你选择了考研，那么就意味着你要失去选择直接工作会得到的那份经济收益；当你选择了从事金融行业，就表明你放弃了投身于教育行业所能得到的收获。

　　机会成本是巨大的，因而企业在制定目标的时候会格外仔细，对于我们个人来说也是如此。"机会成本"给我们的启迪就是：有变动时要及时调整目标计划，以避免更大的损失。

国内有名的教育机构"新东方"也曾经历过一段低谷期。

2012年，新东方作为一个快速成长的机构渴望获得更多的收益，于是拼命扩张规模。新东方发展了19年仅开设了400多个教学点，而单单在2014年就新增了200多个教学点，招收了上万名没有经过任何培训的老师。可想而知，这些"不合格"的教学人员会对学生造成多大的影响。

当时的管理者们一门心思冲收入，把收益作为主要目标。课程的价格不断提高，直至到了大多数普通家庭无法接受的程度。过度地收取学费、盲目增加教学点……这些不合理的操作最终导致整个机构教育规模的扭曲，出现了崩盘效应。

值得庆幸的是，创始人俞敏洪注意到了这一点。从2014年开始，对新东方进行了"翻天覆地"的改革，把战略目标由"经济收益"转到了"教学质量"上，提出两项重点措施：1.所有考核指标去除利润和收入；2.人力资源考核对关键人物，使用"健康轨道指标"。注意力转移到了教学质量上，更加关注学生实际水平的提高，在招募教职工的时候也加大了考核力度。

战略目标有了科学的转变之后，新东方逐渐从困境中走出。在后来的两年里，新东方口碑愈加良好，与此同时收入也大幅度增加。无疑，俞敏洪将新东方的目标由追求利润收入转向打造教学质量，这是一个很明智的做法。

目标的调整不意味着失败，而恰恰意味着向另一个方向的成长。事物的发展是一个动态的过程，相应的目标也不应该是一成不变的。根据实际情况及时调整目标是及时止损，帮助我们将损失降到最低。

无独有偶，国内著名手机品牌小米也曾遭遇一段"滑铁卢"。

2016年是小米的惊险时刻，彼时，企业把"销量"视作最高目标，一切为了销量，导致供应链断裂，民间怨声四起。当时的小米为了达到"销量至上"的总目标，衍生出了一系列"子目标"，包括："攻占线上市场""占据性价比优势"等。

事实证明在这样的目标指导下，小米的确陷入了危机。电商的不够普及、vivo等新品牌的崛起，都让小米曾经的优势不再。首席CEO雷军决定及时转变目标方向，总目标由"销量至上"变成"夯实基础"，把目光由线上市场转移到线下，在线下设立了多家分公司。另外，原本主打性价比优势的小米，现在不断提高核心技术，科学控制价格。

改革之后的小米公司取得了巨大的成功，回顾这段经历，领导人雷军也曾坦言："对于一个企业来说，正确的目标和方向非常重要。"因此，能够及时调整目标也是一种非常可贵的能力。

目标的调整对企业来说非常重要，对于个人来说亦是如此。

大学时候的室友林心中一直有着名校情结，以至于在连续两次考研失败后仍然想三战，她坚信通过自己的努力终有一天会考上名牌大学的研究生，这，就是她的目标。

可是在外人看来，林逻辑缜密、擅于表达，凭她的能力完全可以在社会上谋得一份好工作，偏偏要吊在考研这棵树上死活不放弃。经历了两次失败的林开始认真反思自己，清清楚楚地在纸上列出"三战考研"与"出去工作"的优势劣势、机会成本。衡量之后的林选择了后者。她的目标也由"考上名校研究生"变成"入职一份好工作"。

林的选择是明智的，放弃了三战考研并不意味着她胆小、缺乏坚持。相反，能够放下心中的执念，科学地做出选择、转变目标，这恰恰证明了她的勇气。对于林来说，改变目标并没有让她的人生降级，反而能够更自主地选择自己的生活。现在的林在一家广告公司上班，平时的工作是跟客户洽谈合作，每个月拿着可观的薪水，公司对她也很重视。

安德鲁·卡耐基曾说："如果你想要快乐，设立一个目标，这个目标要能指挥你的思想，释放你的能力，激发你的欲望。"一个正确的目标给人的动力是巨大的，而错误的目标却会把我们引入错误的方向，方向错，步步错。切记：有变动时，及时调整目标。

成为高效能的行动派

训练14:

改掉习惯性担忧的毛病

"怎么办，这次的方案要是被老板退回来怎么办？"

"很担心啊，给平台投的稿子万一不通过怎么办？"

"万一到时候突然下雨怎么办，事情就办不成了。"

"我已经做了充分的准备了，可是万一面试官不喜欢我的面相怎么办？"

......

不知道你在生活中或者工作中是否经常有各种各样的担忧？适度的担忧可以促使人做出行动，但习惯性的担忧会破坏人的注意力，反而使能动性降低。

我们的担忧通常可以归纳为以下几种情况：

·为已经发生的事情而担忧

C的父亲身体状况不太好，已经连续卧病在床两个月了，家中的资产几乎耗尽，病况仍不见好转。C感到十分担忧，接下来不知道去哪里筹集款项给父亲看病了，整日以泪洗面。

L今年参加公务员考试失败了，为了这场考试他几乎赌上了自己所有的时间和精力，同龄的朋友都已经快要入职了，而他还在踌躇，

L心中感到非常担忧，不知道未来的路该怎么走，几乎夜夜失眠。

C和L的担忧源自于已经发生的、与心愿相悖的事情，一个是没钱看病、一个是考试失败。两者的担忧都能理解，但如果转换一种思维：C把担忧的功夫用来想办法筹集捐款，L把担忧的时间用来思考接下来的道路走向，是不是会更好一点呢？

· 为还没有发生的事情而担忧

B是一名大学生，他在距离期末考试还很远的时候就开始愁眉苦脸了，担心自己挂科、担心学校会向家长通报。

S是一名家庭主妇，平日里丈夫负责赚钱养家，而她就负责照顾孩子和家庭。由于自己没有独立的经济来源，S总担心自己的丈夫出轨，同时又不敢质问，一想到自己没有经济独立，就很害怕离婚。

B和S就是喜欢为还没有发生的事情而担忧的那一类人。

· 担忧付出了努力却得不到满意的结果

这是很常见的一种担忧，其具体表现在：患得患失、因为担忧失败就不敢付出努力甚至压根不敢尝试、担忧情绪盖过了其他所有。

考试之前我们身经百战、面试之前我们做足了准备、与客户签合同之前我们一遍又一遍地熟悉谈话策略……可是一到临近"上战场"的时候还是会陷入极度的担忧和紧张，更有甚者，因为过分担忧便不敢付出行动，连尝试都觉得多余了。

观察上述事例，我们不难发现：在大多数时候，"担忧"是一种无效情绪，但同时又是无法根除的。我们能做的，只是尽可能地减少担忧，避免习惯性担忧，让自己拥有更多的积极情绪。那么，如何改掉习惯性担忧的毛病呢？我们为你提供了以下几个建议，可依次践行：

1.给自己心理暗示：担忧是无用的；

2.找到担忧的原因，即：你面临着什么问题；

3.思考解决问题的办法；

4.明白这样一个道理：已经发生的事情，担忧没有用；还未发生的事情尚有时间想办法补救，担忧是不必要的。努力了却不一定能成功的事情，做到内心无悔即可；

5.从生理上减缓担忧：运动、呼吸新鲜空气、拥有充分的睡眠和健康的饮食；

6.珍爱身边的朋友，建立积极的社交关系，可以向朋友诉说自己的担忧和苦恼；

7.把目光放长远，保持心胸豁达。

与担忧相对应的另一个词是"淡然"，即：以一种平淡随然的态度面对生活。

关于这一点，有一个颇为动人的哲学故事：

近代高僧弘一大师有次外出，在一家寺庙化斋。庙中的侍者想要试探大师的修为，于是故意把菜做得很咸。用餐期间，侍者问道："大师，你觉得口味如何？"弘一大师轻轻放下筷子，答道："咸有咸的味道。"

第二次，侍者故意把菜做得很淡，问起来大师却答："淡有淡的味道。"侍者感到由衷地敬佩。

值得敬佩的不仅仅是大师睿智巧妙的回答，而是他能始终以一颗淡然的心对之，无论饭菜咸淡，也不管生活的苦涩与甘甜。不急不慢、不忧不扰，用平静随然的态度面对生活。

人生是一场交响曲，高潮与低谷皆有。生活就是要不断探索其丰富性，在欢喜交杂中捕捉到那一点甜。与其把时间花在担忧上，不如集中精力做好眼前的事情。

常听人言："不问星辰归期，片刻即为永恒。"冗长的生活正是由无数个碎片瞬间组成的，若你能把握好当下的每时每刻，未来定不会辜负你。

训练15：

想做一件事立刻就行动

三年前——

"最近工作上发展得怎么样啊？"

"还好吧，好几个编辑联系我出书，但我想再积淀几年，由衷希望自己的第一本书是特别好、特别对得起自己的，至少要有一定深度吧。"

三年后——

"你的书写完了吗？"

"哈？还没开始呢，这几年一直搁置着，很多次提起笔却没有灵感，于是就搁下了，等到有灵感的时候再写吧。"

一拖再拖，直到年华老去，连自己都忘记了年轻时候的写作梦想。总是等着灵感的到来而不去主动寻找，那结果自然是不尽人意，留下无尽的遗憾。

《拖延心理学》中提到："拖延给拖延症患者造成的内在后果就是他们必须承受某些内在情绪的折磨，从恼怒、后悔，到强烈的自我谴责和绝望。"

事实上，很多拖延症患者心中是有明确目标的，但是他们总是习惯性地推迟，不能立刻做出行动。总是抱着侥幸心理，认为还有明天、后天，殊不知时间一如百川东流，一去不回。

美国独立战争时期，英国的拉尔上校正在玩纸牌，十分投入，部下都不敢轻易打扰。彼时，华盛顿军队已经到德拉瓦尔了，再不做出行动就要战败了，这时有人来向拉尔汇报情况。昏庸的拉尔上校只顾着玩纸牌，却没有意识到问题的严重性，他想着要把手中这一局纸牌打完了再去下达命令，可是时间不等人，对手更是分秒必争。

等到一局结束，拉尔开始下达命令的时候，一切都已经晚了，华盛顿军队已经攻破了英军最核心的地方，大获全胜。而英军则一败涂地，拉尔也战死沙场。有人认为拖延是寻常小事，可是在这样的场合，拖延一刻钟就意味着要丧失自由、尊严、胜利。

拉尔心中必然是后悔莫及的，但这并没有什么用，时光不可倒流，拖延的那短短几分钟却用了自己的一生去弥补。

想做一件事情就立刻行动，拖延带来的只是无尽的等待和患得患失的犹豫。心理学表明，当我们作出决定的那一刹那，头脑正处于兴奋状态，会迸发出无数的创意和思考。快速行动的优点还有：能够及时捕捉并将自己的灵感呈现出来，避免时间久了会遗忘的问题。行动才能快速进入状态，能够及早发现问题、解决问题。

有些人喜欢拖延是因为担心自己的计划不够全面，或者自己的能力尚未达到合格的标准。然而，要知道世上没有任何一个计划是绝对完美的，事物发展是一个动态的过程，随着实际情况不断调整自己的计划也是很正常的，如果你总想着积淀却不进行实践，那么你永远不会知道自己的真实水平是怎样的，只有立刻做出行动，才能得到完善。

如果你想写一本书，那就立刻写吧，不必先去日夜翻书三百章，也不必等到自己读完中外所有名著，书籍的海洋浩瀚无边，不如立刻拿起笔写着再说，在书写的过程中你的不足、纠结都会暴露出来，才能日益完善。极少有文学大家是第一本书就名垂青史的，他们大多要经过很多本书的铺垫，才能取得大的成就。

如果你想把炒股作为副业，那就开始投入资金吧，不必先把股票市场研究数十年，也不必把百年来的经济学理论倒背如流，闭门造车不如去实战。当然，这里并不是要你盲目地投入资金，而是鼓励你可以从少量的资金投入开始，一点点摸索和发现。在直接与股票市场的接触过程中你的敏感度会逐步提高，对市场的理解也会更深刻。

想做一件事就立刻行动，不要等到激情褪去，不要等到灵感消逝，不要等到时间溜走。一味地等待，只会陷入"不愿行动，求而不得"的怪圈，如同塞缪尔·约翰逊所说："我们一直推迟我们知道最终无法逃避的事情，这样的蠢行是一个普遍的人类弱点，它或多或少都盘踞在每个人的心灵里。"

如果总是在等，却不做出行动，只会留下遗憾。金岳霖等了林徽因一生，等到鬓发花白，油尽灯枯；马尔克斯笔下，阿里萨等了费尔明娜五十多年，再度重逢时，却早已错过人生中最美好的时段；年少时喜欢一个人，等着最合适的时间告白，等到花开两朵、天各一方。

想做的事情很多，如果总是以尚未准备好做借口，或者单纯地因为懒惰而拖延，直至那些特别的心情沉淀到岁月里，经受时光的打磨，碎为砂砾，化成幻影。未免太过遗憾。

快速进入状态的最佳方法就是迅速行动起来。很多人深知此理却仍然无法做到，这里提供一种非常好的解决办法：做出初始行动。

"初始行动"指的是你做一件事情之前的"前奏"。一首歌有它的前奏，作用是把听众带入音乐营造的整体氛围中；小说开篇常常有背景描写，也是为了让读者快速进入情境中。同样，我们做事情也需要一个"前奏"。

如果你在写稿和打游戏之间徘徊，那么，立刻打开电脑！空白的Word文档可能让你有短暂的不适，但也会迅速唤起你对文字的记忆，你的记忆神经会自觉给予你心理暗示：现在该写稿了，那么，我要确定什么样的主题跟立意呢？你会自然而然地进入状态。

深夜12点，你已经很困了，可是手机上的各种APP还在诱惑着你，你甚至愿意强忍着困意把冗长的朋友圈都刷一遍。而你每天睡前的习惯就是听纯音乐，那么，不要犹豫，直接跳过"刷朋友圈"这一步骤，直接进入"睡前工作"的最后一步：戴上耳机听音乐。

像往常一样，你会在柔和的音乐声中入睡，值得欣慰的是，比往常更早、睡眠更充足一些了。

听了上面的建议，你现在应该做什么呢？是否应当花两分钟的时间想一下，你要做的事情，然后迅速展开行动？

训练16：

对抗趋乐避苦的懒惰本能

现在给你两个选择：

躺在沙发上看电视，面前摆着触手可及的零食，看剧看累了还可以听听音乐；

无偿帮别人做家务，做到满头大汗也不准休息。

你会选择哪一个？显然，所有人都会毫不犹豫地选择第一个。

现在给你另外两个选择：

躺在沙发上看电视，同样可以吃零食、听音乐；

打扫自家的卫生、打理新开的网店，与客户沟通，面对各种刁难也不能放弃，这个过程可能会很辛苦，但你也会因此而收获颇多。

你会选择哪一个？选项变成这两个，很多人就开始犹豫了。

比较这两个选题，我们发现，前者总是很快活，不需要付出任何体力或者脑力，只是单纯的享受，是相当快乐的。而后者意味着付出，差别在于：在第一个选题中，"无偿帮别人做家务"是一种辛苦且没有回报的行为；而在第二个选题中，你打扫卫生虽然辛苦，却可以打造一个干净整洁的生活环境，与客户耐心地沟通，虽然可能发生不少糟心的对白，但你同时也能收获好几份订单，是辛苦但有回报的。

苦和苦是不一样的，有些苦是纯粹的痛苦，是谁也不愿意经受的，比如失去挚爱，比如生病，比如财产失窃，有些苦是夹杂着快乐的或者说是能衍生出快乐的，我们选择承担这类痛苦是为了更好地获得幸福，所以能忍一时的不如意。

懒惰是人的本性，而趋利避害、趋乐避苦是人类的本能。所有人都向往轻松、美好的日子，谁也不会主动选择生命中的苦难。而成功者，往往能够对抗趋乐避苦的本能。当然，这里的"苦"指的是有回报的"苦"，是可以主观选择或拒绝的"苦"。比如披星戴月地工作、寒冬腊月里早起、坚持健身坚持脑力输出……而不是"疾病""破产"之类客观发生的苦难。

闻名世界的艺术家巴勃洛·毕加索，出生在地中海沿岸一个中产阶级家庭里，父亲是一名美术老师，母亲是一名普通妇女，殷实的家境让他从小生活在优越的环境里，吃穿不愁、生活得无忧无虑。

按照父母的设想，毕加索本应做一名教师，子承父业，轻轻松松也不需要经历太多曲折。但年轻的毕加索心中隐藏着一股关于艺术的热血，他渴望在艺术上有所造诣，渴望自己的作品能得到世人的认可。

艺术来源于生活。在一场大病之后，毕加索和几个朋友决心去往深山中探寻奥秘。崎岖的山峰、陡峭的山路，无数次面临险境，夜间就在山洞中留宿，冷了就点燃篝火取暖。在如此艰辛的条件下，毕加索等人待了整整三个月的时间，在这三个月里，他大多数时间都在观察和作画，山间的飞禽走兽、花鸟鱼虫，都成为他灵感的来源，纷纷化身为素材融入他的画作中。

艺术是什么？在年轻的毕加索看来，艺术就是走进大自然，去观察，去历险，走出安逸的、平淡无奇的生活，经历一些刺激又丰富的事情，灵感的火花在这个过程中得到绽放。

如同毕加索一样，很多人拥有选择安逸生活的权利，不需要太过拼命也可以勉强过好这一生，但有的人偏不。他们宁可倾尽全力，对抗懒惰的本性，去换取一个精彩的、值得一过的人生。

趋乐避苦是人类的本能，打破本能是一件很难的事情，但是当你开始尝试直至打破之后就会发现一个新天地。当自律成为你的习惯，不需要刻意就能保持积极向上的状态，你就离理想中的自己越来越近了。

汤姆斯·布朗曾说："人是为了内心的感受而活。"

为什么我们要走出舒适区，要克服趋乐避苦的本能呢？这个问题可以换作：为什么我们一定要努力呢？原因有两个。

其一，除了努力、拼命上进之外没有别的选择，为环境所迫，因而在极端的环境下爆发，为了生存只能吃苦磨砺，如果放弃挣扎选择了物质上的舒适，就意味着死亡或溃败。

狼毒花大多生长在海拔4800米高的青藏高原上，其根有剧毒，可制成中药。这种植物的特点是根系强大、吸水能力超强，其根深入土地极深，能够适应干旱寒冷等极恶劣的环境，周围的草本植物难以与之抗衡。

正是糟糕的环境迫使狼毒花不断进化，直至能够打败所有的竞争者，在恶劣的环境中生存下来。倘若它早早地偃旗息鼓，宁愿像温室中的花朵一样等待他人的浇灌，恐怕早已在残酷的自然竞争中被淘汰了。

植物如此，人亦然。

其二，有选择的空间，向前一步可以有更好的生活，向后一步也不至于落到深渊，一分耕耘一分收获。

那么，如何才能有效对抗趋乐避苦的本能呢？

行动力来自于清晰而深刻的认知。你不妨先思考这样一个问题：如果选择安逸，也就是选择短暂的"乐"会有什么后果？如果选择拼搏，忍受暂时甚至较长一段时间的"苦"会有什么后果？

选择短暂的"乐"，不过是偷身体上的懒，图一时的心情愉快，对于实现你的目标没有任何帮助，反而有消极作用。等到那点没有价值的"乐"散去之后就只剩下无尽的悔恨和自责。选择暂时甚至较长一段时间的"苦"，是在为未来做积淀，这些苦不会白受，一定会以另一种形式回馈给你。

放下你手中的手机吧，停止刷无聊的新闻资讯，杜绝无数次点开不断更新的网页，去做你真正想做的事情吧，不要被眼前的困难吓倒，你就一定可以一步步走往心之所向。

训练17：

今天的事不要推到明天做

"明日复明日，明日何其多。

我生待明日，万事成蹉跎。

世人若被明日累，春去秋来老将至。

朝看水东流，暮看日西坠。

百年明日能几何？请君听我明日歌。"

上面这首《明日歌》你一定不陌生，这首诗歌是明代诗人钱福所作，诗人在诗中警示人们珍惜时光，活在当下，不要把今天的事情推到明天做，这样日复一日只会虚度光阴。人生短短不过百年，如果总是寄希望于明天，这一生便在不知不觉中索然无味地过去了。

美国第三任总统托马斯·杰弗逊曾给他的后代提出十条忠告，其中第一条就是：今天能做的事情绝对不要推到明天。

把今天的事情推到明天做，看似只是推迟了一天，其实是在不经意间加深了你"时间还来得及，现在不做也可以"的微印象，你的大脑会记住这条讯息，时间久了就会变成惯性思维，这种拖延的惯性思维无疑是我们前进路上的巨大的绊脚石。

1999年，时值酷暑，美国洛杉矶地区的气温一度上升到40摄氏度，人们都躲在家中不敢出门。烈日炙烤着大地，处处散发着焦虑和烦躁的气息。当时的海尔公司正在筹备着设备运输的相关事项，在公司办公室里，零售部经理丹先生正在和员工进行着激烈的争论，一部分零件因为驾驶员失误的原因还搁置在路上，负责该项目的员工认为此事无可厚非，过几天再运来也无妨。但经理执意要求务必当天送达。最终，在他的坚持下，零件准时送达，没有对销售造成负面影响。

得益于严谨的做事态度、今日事今日毕的原则，海尔贸易公司才能取得良性发展，在激烈的世界市场竞争环境下立于不败之地。

一个公司如此，一个人更应该如此。

很多人在拖延的时候会存在着侥幸心理，他们认为：我只是推迟了一天啊，也没什么大不了的。殊不知，"推迟"最可怕的地方就在于会让你养成习惯，等到了第二天又会想，推迟到明天也没什么大不了的。与此同时却忽略了这个问题：明天有明天要做的事情，如果把今天的事情推到明天，就意味着要把明天的事情推到后天，如此一来，心中时刻存在在恐慌、焦虑，拖延让人不得心安，连当下的时间都不能好好把握了。

一个成熟的职场人应该明白一个最基本的道理：当天事当天完成体现的不仅仅是一个人的自律、勤奋，更是对职业的尊重。只有对一个职业怀有敬畏和尊重之心，才能获得成长，不然只会永远在原地打转。聪明的人会在每天早晨醒来告诉自己，这是全新的一天，在这一天里需要完成哪些事情才能心安理得地入睡。

德国剧作家歌德在他的《浮士德》中写过一段话："一天也不能够虚度，要下定决心把可能完成的事情一把抓住然后紧紧抱住，有机会就绝不任其逃走，而且必定要贯彻执行。"

歌德也用实际行动证明了自己的观点，他一生勤勤恳恳，造诣惊人。

那么，如何高效地抓住当下，把今天的事情做好呢？以下几个建议希望你能如数吸收：

·把握好"黄金时间段"

合理安排时间，把握好早晨和晚上这两个"黄金时间段"。早晨是人记忆力最强的时段，这个时候可以安排一些需要记诵的任务，晚间是最安静、思绪最平静的时间，适合用来做一些需要思考的、消耗脑力较多的任务。

·抓住零碎时间

很多事情都是可以在零碎时间完成的，比如背单词、在手机上浏览网页查询资料、回复工作消息、阅读一些易于理解的书籍……只要你用心发掘，会发现日常生活中有很多零碎时间：排队的时候、在车站等人的时候、候餐的时候、乘地铁的时候……利用好这些零碎时间，可以让我们提高一大截。

·合理排序，科学工作

顾名思义，就是要把每天要做的任务排个序，然后依次完成，就能减少很多犹豫和纠结。可以按照"重要性"排序，也可以按照"难易程度"或者"紧急程度"排序。首先把最重要的那件事完成了，心里的包袱就会轻很多。

·提高专注力

做事情的专注程度甚至比努力程度更重要。盲目的努力很容易变成自我安慰，而找准方向下功夫却可以帮助我们实实在在提高工作效率。健康的饮食、规律的作息，这些都可以帮助我们提高专注力。此外，整洁的工作环境、避开手机等干扰因素，都能让我们的注意力更集中。

于沙曾说："时间是一位可爱的恋人，对你是多么的爱慕倾心，每分每秒都在叮嘱：劳动、创造，别虚度了一生。"如果你浪费时间，轻易地把今天的事情推给明天，早晚会受到时间的反噬。珍惜当下吧！今日事今日毕，当你迈出第一步的时候，心中会充满了成就感。

训练18:

克服虎头蛇尾的三分钟热度

"我下定决心了！我一定要减肥，瘦成一道闪电，让曾经抛弃我的男友后悔一辈子！"

这句话Allen已经说过无数遍了，曾经的男友和Allen提出了分手，Allen一直认为是对方嫌弃自己身材不够好，于是下定决心要减肥，要成为一个漂亮而精致的女子。

于是，她开始频繁出入健身房，小区附近的跑道上也出现了她的身影，晨跑、夜跑一个也不落下来，一日三餐只摄入足够的能量，多余一点食物都不吃。正当身边的朋友以为Allen真的要如愿以偿变成一个纤瘦的美少女的时候，她自己却最先放弃了。

起初是桌上的饭菜变多了，出入火锅店的频率也变高了，每逢有饭局，Allen都兴致高涨，第一个冲上去。Allen对自己说："民以食为天，要是吃都吃不好那生活还有什么意思啊。再说了，网上说减肥主要还是靠运动，克制食量对身体有害呢。"过了一阵子，连跑道上也见不着Allen的身影了，她在朋友圈抱怨："早上实在是太冷了，被窝太温暖了，根本起不来。晚上又天黑的早，我下班以后时间就不早了。"

就这样，Allen又一次放弃了自己的"减肥计划"。其实，早上虽然有点冷但完全是可以克服的，晚上下班的时间并不算晚，如果她能把时间花在跑步上，而不是刷剧上，完完全全是够的。Allen这么说只是在为自己的"三分钟热度"找借口罢了。

三分钟热度，用来形容那些心潮澎湃地制定好目标，然后斗志昂扬地执行，却很快半途而废，最终以失败告终的人，Allen就是其一。他们嘴上喊着："我要努力！我要奋斗！我要改变现状！"于是迅速投入到工作或者学习中，这种立即执行的能力是很值得推崇的，可问题是，很多人坚持一会儿就因为各种各样的原因放弃了，或许是觉得难，或许是觉得累，但他们忘了，努力本来就是一个消耗能量的过程，我们在这个过程中输出智力、体力，也会得到相应的回馈，哪有不费吹灰之力就能得来的成功呢？

John是一名普通的上班族，但他从大学时代起就有学一门乐器的想法，心里面隐隐觉得那些能在婆娑树影下弹一首民谣的男孩子真是美好极了。John在大学二年级的时候也曾想过报吉他的辅导班，可那时候忙着专业课和考各种证书，周末的时候要去学校外面的驾校练车，始终腾不出来时间。

现在终于工作了，有了一定的经济实力，时间上面也宽裕了些许，John打算重拾大学时的爱好。可是，买一把什么样的吉他好呢？John在网上查了很多新手攻略，比对了一个又一个品牌，好不容易找到一把称心如意的，又开始纠结报哪个乐器辅导班。一来二去时间又过去了两个月，John还是没有开启自己的学习计划。

好不容易吉他到手了，课程也报了，John却发现生活中还有许许多多琐事要处理，新吉他拿到手不到两个月就丢在了墙角，落满了灰尘。

像John这样容易半途而废的人并不少，大张旗鼓地开始，垂头丧气地结束。其实，但凡能让我们充满"热度"的事情，哪怕只有一分钟，也说明我们对这件事是热爱的，但消极心理会遏制我们继续追求它。就这样半途而废，是不是太过可惜了？

怎样才能克服虎头蛇尾的三分钟热度呢？以下提供了四点非常好的方法：

·一段时间内只专注做一件事

专注力是非常重要的元素，在有限的时间内我们只能做有限的事情，如果一度挑战自己的抗压能力，想要短时间做完各种各样的事情，思维需要在不同的场景下急速切换，结果很容易令你失望。

·不断发掘生活的乐趣，避免陷入枯燥和厌倦的状态

一个大的目标通常需要很长时间来完成，这个过程很可能是枯燥的，为了防止你过早厌倦，需要在寻常的生活中找到乐趣，能够开心地追寻自己心中所爱。

·制订循序渐进的计划

有时候我们之所以容易做事情三分钟热度，就是因为缺少计划。游离于计划之外的事情似乎总是可做可不做的，所以务必要制

定清晰明确的计划，将你的目标植入其中并按时完成。

·寻找志同道合的伙伴，互相监督、一同前行

一个人能走得很快，但一群人才能走得很远。找到志趣相投的伙伴，平日里一起努力，松懈时互相监督，失败时相互鼓励，这样才能离目标更近一点，不至于轻易放弃。

训练19：

讨厌的事情也得认真做好

很多人之所以拖延，是因为他讨厌某件事情。

小敏在一家公司做财务会计，每天要处理各种各样的数据，一整天都面对着Excel表格更是常事，小敏感到非常抓狂，每天在朋友圈发一些很累、很丧、甚至想辞职的文字。小敏本科时学的是工科，是一名妥妥的工科女，思维严谨、头脑活跃，毕业时却因为家庭原因迫不得已做了一名会计。

这算是跟她的喜好彻底背道而驰了，让一个本就醉心于科学研究的人整天处理数据，听起来确实难以忍受。但这毕竟是现在的本职工作啊，而小敏却每天抱怨着："我真的不想做自己讨厌的事情，人难道就不能一直做喜欢的事情吗？"一面抱怨，却又没有更好的选择。整天都过得委屈又拧巴，工作任务常常不能及时完成，好几次影响到薪资发放，老板差点直接把她炒鱿鱼。

"小孩子才把喜欢挂在嘴边，大人都是看价值。"一个成熟的人，在判断一件事情要不要做的时候，衡量标准不是"喜欢"或"讨厌"，而是"值不值得"。人们应该遵循结果论，即：能不能带来实际效用。你或许会说："我认为我喜欢的就是值得的，就是高价值的。"要知道，盲目地以"喜欢"来做决定，是需要承担一定的后果的。

做喜欢的事情是一种本能，做讨厌的事情则是一种本领。一个人能够打败内心的不情愿，控制自己的情绪，对抗趋乐避苦的本性，毅然选择做"讨厌的但正确的事情"，必然是一个很优秀的人。

青年作家韩寒在他早期的作品中写道："我所理解的生活，就是和喜欢的一切在一起。"曾被无数年轻人奉为人生真理。学生时代的韩寒，叛逆、自由，敢于打破传统教育的桎梏，甚至做出了很多人敢想却不敢做的决定——退学。

很多人对他的印象是：酷！敢于追求自己喜欢的东西，与自己讨厌的事物一刀两断。

十几年后的韩寒，阅历更加丰富，看人生的角度也更加全面、立体，在接受媒体采访的时候，他坦言，现在觉得自己当年盲目退学的行为是错误的，希望大家不要模仿。知识虽然枯燥，教育也许乏味，但必然是有一定的意义的，学习其实是磨炼心性的过程。比起肆无忌惮地做自己喜欢的事情，他更希望当下的青年人把有意义的事情做好。

人们之所以擅长自己喜欢的事情，是因为内心的偏好会让我们不自觉地倾注努力，就会越来越好，当我们尝到其中的甜头的时候，便会更加努力，从而形成一个良性的循环。对于讨厌的事情则恰恰相反。

那么，讨厌的事情就不可能做好吗？并非如此。只要你肯倾注努力，一样可以做得出色。

中国著名现当代文学家梁实秋在他的散文《清华八年》中提到过一个有趣的故事。先生早年在清华读书，对数学深恶痛绝，每次考试都如临大敌。他常常想："我以后又不准备从事理工类工作，学这东西干什么。"于是，以"不喜欢"遮掩自己的懒惰。

后来赴美留学，清华的成绩单上数学成绩勉强刚及格，需要补修三角函数和立体几何。先生一方面感到懊恼，一边觉得耻辱，于是拼命努力，钻研数学，最终取得了班级第一的好成绩，特准大考免予参加。

先生在文中直言："这证明什么？这证明没有人的兴趣是不近数学的，只要肯按部就班地用功，再加上良师诱导，就会发觉里面的趣味，万万不可任性，在学校读书时万万不可相信什么'趣味主义'。"

可见，只要你能在不喜欢的事情上下足功夫，糟糕的现状是可以扭转的。当你内心开始回避某件你讨厌的事情的时候，不妨问自己几个问题：

· 这件事情重要吗？

· 讨厌的原因是什么，是因为不擅长还是因为回报周期太长？

· 做了这件不喜欢的事情你能收获什么？

· 如果不做会有什么样的后果?

· 你有选择不做的余地吗?

· 如果不做这件事情，你还有别的效益更大化的选择吗?

· 你有多长时间来完成这件事情，时间允许你拖延吗?

· 怎样才能让这个过程不那么枯燥?

问清楚这几个问题之后你就可以开始行动了。李阳曾说："只有先认真做好自己不愿意做的事，才有资格去做自己想做的事。"希望你能做好自己不喜欢甚至讨厌的事情，让这些事情成为你成功的垫脚石，朝着自己的理想生活大步迈去。

让时间价值最大化

把事情按照轻重缓急排序

　　杨是一名大四的学生，最近面临着毕业论文和就业的两重烦恼。杨早早就联系上了一家咨询公司并开始了实习，公司离学校很远，来回路上就要花两个小时，同时他也面临着跟所有应届生一样的烦恼：毕业论文。

　　众所周知，毕业论文不过关学校是不准许毕业的。忙碌的生活让杨难以喘息，每天穿梭在地铁、校园、公司里，当周围同学把大量的时间和精力投入到毕业论文中时，他却忙于公司的事务，牺牲了写论文的时间。公司老板对杨赏识有加，同时学校传来的消息却让他措手不及：毕业论文没有通过，不予颁发毕业证书。

　　这个消息如同惊天霹雳一般，让杨感到无所适从，心中追悔莫及。拿不到毕业证就意味着四年本科的努力付诸东流，而公司最后也不会给一个没有大学毕业证的实习生转正的机会。杨陷入了巨大的苦恼之中，开始懊悔为什么之前没有把时间分配好，当他是一名学生的时候却没有把主要精力放在学业上，导致了这样难以接受的结果。

　　把事情按照轻重缓急排序，其实是时间管理的一大要素。日常生活中，我们每天都有很多事情要做，如果总是随心所欲、想到哪件事就做哪件事情的话，最终的结果就是混乱、繁杂，捡了芝麻却丢了西瓜。在有限的时间里，把最重要的事情放在首位，这样才能最快减轻我们的心理负担，让我们更高效、更自如地完成"次要"的事情。

那么，如何把一堆事情按照轻重缓急依次排序呢？

美国著名管理学大师史蒂芬·柯维曾提出时间管理的"轻重缓急四象限"原理，把所有事情按照紧急程度划分为四个范畴，即：第一象限为重要且紧急的事情；第二象限为重要但不紧急的事情；第三象限为紧急但不重要的事情；第四象限为不紧急也不重要的事情。

·重要且紧急的事情

这类事情应当是放在最首位的。对于医生来说，给病人做手术、进行医学治疗就是最重要的事情，而且容不得一分一秒的拖延。对于律师来说，准备好充足的材料，及时走上法庭为他人辩护就是最重要的事情。对于外卖员来说，按时把食物送到客户手中就是最重要的事情。

重要且紧急的事情，应当立即去做。

·重要但不紧急的事情

比如，健身、学习第二外语、研读某本专业书籍、建立一段人际关系……这些都是能够帮助我们提高自身素质的事情，但并非是急迫的、非要当下执行不可的。这类事情可以放在次要的位置。

重要但不紧急的事情，要有计划地去做。

·紧急但不重要的事情

突然收到的朋友聚会的邀约、快递公司催促取快递的电话、他人临时请求我们办到的事情，这些都是属于紧急但不重要的范畴。但由于其紧急性，常常给我们造成"这件事情很重要"的错觉。这类事情大多是可以推辞掉的，或者可以在一定程度上地延迟，并不会打乱我们原本规律的生活计划。

紧急但不重要的事情，可以选择委婉地拒绝，或者在时间充裕的时候处理。

·不紧急也不重要的事情

这类事情做起来完全就是浪费时间了。很多人觉得时间不够用，恰恰是因为浪费在这类事情上了。看无聊的小说、刷微博、看搞笑视频、工作过程中回复微信消息或者与朋友闲聊，宝贵的时间就这样一点一点消耗了，而自己却浑然不觉。

虽然小说、视频这类以电子产品为载体的娱乐方式确实能在一定程度上让我们感到放松，在忙碌的工作之后刺激我们疲惫的感官，但如果过度沉迷，只会适得其反。对于这类"不紧急也不重要的事情"就尽量不做。

你发现没有，其实上述提及的"轻重缓急四象限原理"，核心是以"价值"为基础。我们做任何事情都脱离不了其价值意义。

虚度年华、浪费时光，那不会是智者的选择。通过研读下面这个例子，你会对四象限原理有更深一步的理解。

小吴在一家公司的销售部门工作，近期发展了好几个客户，其中有两位是对公司的产品有强烈兴趣的，在与他们沟通的过程中小吴能够感受到他们的热情，至于另外几个则是抱着"了解一下但不一定买产品"的心理。

自然，小吴会把更多的时间花在与前者的交流沟通上，而对于后者虽然是有问必答，但投入的时间和注意力并不多。对于小吴来说，与前面两位有明确购买意向的客户沟通就是他"重要且紧急的事情"，而后者则是"重要但不紧急的"，可以适当放缓。

小吴除了本职工作之外还发展了一项副业：摄影师。摄影是小吴大学时期培养起来的爱好，毕业后就作为副业了，双休日的时候他会接一些私人的单子，帮顾客拍写真。但是每当工作上有事情急需处理的时候，小吴就会暂停接单。因为对于他来说，本职工作才是最重要的。

德奥弗拉斯多曾说："时间是一切财富中最宝贵的财富。"分配时间的过程和理财的过程有异曲同工之妙。古语有言："钱要用在刀刃上。"同样，时间也要花在最需要的地方。是时间塑造了生命的意义，如同《钢铁是怎样炼成的》中所说："当我们回首往事的时候，不因虚度年华而悔恨，也不因碌碌无为而羞愧。"这样方能成就一个优秀的自我。

用好高效的"黄金时间"

午休时间，Cindy正在赶一个方案，客户催了很久了。

广州的中午常年燥热，Cindy一边强忍着困意一边盯着电脑屏幕，手指在键盘上敲敲打打。公司的制度是早晨8点上班，Cindy每天打卡完毕坐到办公桌上的第一件事是打开手机，刷朋友圈、回复微信消息，或者浏览网页，等到太阳升到正空中了，同事们进行短暂的午休，这时候Cindy才想起来自己还有任务没完成。

Cindy的另一个生活习惯跟大多数人很像：每晚睡觉之前必刷手机，各种APP全部刷完一遍才肯入睡，常常是手机掉到了脸上才恍然发现自己困得不行了。

而跟Cindy截然相反的是同事Tom。Tom每天总是热情满满地上班，及时完成每一项工作任务。此外，Tom还兼职了英文翻译，常常利用每晚睡前的时间背英语单词，睡觉之前的记忆力格外好。

生活中，我们很多人渴望成为勤劳、自律的Tom，却不小心成了懒惰、拖延的Cindy。当然，相比于Cindy，Tom还有一个明智之处就是擅于利用"黄金时间"。

黄金时间原意是指一天当中广播电视收听频率最高的时间段，

现在泛指各种"最高效、最宝贵"的时光。关于"黄金时间"，大致有以下几段：

·早晨6点

"一年之计在于春，一日之计在于晨。"早晨6点被公认为记忆力最佳时段，这个时间可以用来背记一些知识，对于学生来说更要充分把握。无论是背记英语单词或是古诗词，都有很好的效果。

·8-10点

这段时间是人的思维很活跃的"黄金时间"。经过了一晚上的休息，大脑细胞重新活跃起来，此时是人的精力最充沛的时候，适合用来攻克难题。这也是为什么大多数公司的上班制度就是从早上8点开始，就是因为这个时间最利于员工发挥自己的才智。

·18-20点

这段时间是人最沉着的时间，适合用来归纳整合一天的工作、学习任务。人的身体状态很大程度上会受到自然天气的影响，日暮西沉时分，光线温柔，浮躁的心也会变得安定下来。

·入睡前的时间

入睡前那段时间是加强记忆的最好时间。从事文字类、语言类工作的人应当抓紧这段时间。人与人之间的差别有时候就是在这短短一段时间产生的。

以上提供了四个"黄金时间段"，划分的标准是人体的精力和各项机能。但在日常生活中我们不必循规蹈矩，每个人的日程安排、时间分配各不相同，要根据自己的实际情况来确定自己的"黄金时间"。在什么时间生理状态和心理状态最好、周围环境最佳，能够最高效地完成工作任务，这就是你要找的"黄金时间"。

叔本华曾说过："普通人只是想如何打发时间，有才能的人则设法利用时间。"上帝在时间分配上是公平的，所有人一天都只有24个小时，然而我们不会把24个小时全部用来工作，中间还充斥着休息、娱乐、社交等。那么，如何抓住这24个小时当中最宝贵的时间，用来完成那些最重要的事情则是一个聪明人应该考虑的问题。

人民网舆情监测室曾提出"黄金4小时"的概念。"黄金4小时"强调的是新闻发布的及时性，在当下媒体环境下要尽快捕捉新闻讯息和加强风险管理，用最快的速度让人民群众了解到事情发展的动向。事件发生之后的4小时，则被称为"黄金4小时"。

"黄金时间"对于不同的人来说被赋予了不同的意义，始终不变的是其高效性、短暂性，能否抓住属于你的黄金时间，就决定了你能否在效率上胜出竞争者一筹。那么，如何精确定位你的"黄金时间"呢？可以按照以下几个步骤执行：

· 在备忘录上列出每日事项；

· 列出自己能够抽出来的所有时间；

· 找出周围环境最好、最适宜的时间段，即为黄金时间；

· 把最重要的事情放在"黄金时间"段完成；

·其他事项放在其他时间完成。

有时候，"黄金时间"并非自然存在的，需要我们自己打造。怎样打造一段属于你自己的"黄金时间"呢？需要从以下几个方面入手：

·自然环境上：以舒适、开阔、安静为重要元素；

·生理上：头脑清醒、充满活力、思维清晰的时段最好；

·生活环境上：排除手机等移动设备的干扰因素，让自己更加专注；

·时间段的选取上：尽量选择大段的时间，不至于在执行任务的过程中被打断。

用好"黄金时间"，能够取得事半功倍的效果。富兰克林年轻时喜欢泡图书馆，对他而言，每天待在图书馆的那两个小时就是他的黄金时间，他曾坦言："图书馆使我得以有恒地研习而增进我的知识，每天我停留在里面一两个钟头，用这个办法补足了我失掉的高深教育。"表面上是图书馆给了他巨大的帮助，实质上是那两个小时的"黄金时间"让他在科学事业上取得了巨大成就。

抓住属于你的黄金时间吧，让时光见证你的蜕变，向着理想的人生迈进！

训练22：

重视不起眼的零碎时间

在我们日常生活中，有很多零碎的时间，比如排队等餐时、乘车时、在电影院等人时……这些不起眼的零碎时间常常被人们忽视掉。

有人曾经算过这样一笔账：假设我们每天早上赖床的时间为10分钟，上厕所的时间为5分钟，排队买饭、等车的时间共计30分钟，再加上其他的零碎时间约为40分钟，加起来一天就有1小时25分钟，一年就是517个小时，相当于整整21天的时间。

21天，足以养成一个习惯；21天，足以培养一段恋情；21天，足以适应全新的工作……21天意味着太多了。看似不起眼的零碎时间，累积起来却非常惊人。如果我们放任其流逝，便得不到任何回报。如果我们能抓住零碎时间，将其用来学习、工作，或者丰富自己，将会得到许多意料之外的收获。

如同诺贝尔奖获得者雷曼所说："每天不浪费或不虚度剩余的那一点时间，即使只有五六分钟，如果利用起来，也可以成就大事。"著名的生物学家达尔文更是用亲身实践论证了那一句："我从来不认为半小时的时间是微不足道的。"

青年作家陈大力就曾用一整年乘地铁的时间写出了人生中的第一本书，并且取得了非常好的销量。知名媒体"十年后"在采访陈大力的文章中写道："你在地铁上刷手机，她在旁边写了十三万字。"

彼时的陈大力还不满20岁，却写出了由30篇小说组成的合集。在接受采访的时候，她说道："2个月，30篇小说，多数都是在实习上班的地铁上敲出来的，还有1/4的课间，1/4的凌晨。"

正是这些零零碎碎的时间，组成了一部令人动容的小说集，也让青年作家陈大力以一个"天才少女"的身份走进了大众的视野。

零碎时间是拉开人与人之间距离的重要因素之一。著名数学家苏步青教授在分享自己的学习方法时说道："我把整段时间称为'整匹布'，把点滴时间称为'零星布'，天天二三十分钟加起来，就能由短变长，派上大用场。"零碎时间的作用不容小觑，尤其是在匆忙的都市，人们每天都要花费很多时间在等车、排队上，把这些时间充分利用起来就能积少成多。

英国政治家威廉·科贝特在他的作品《给青年人的劝告》中有过一段关于零碎时间的论述："平常在咖啡馆用掉的时间以及附带着的闲谈所用掉的时间——一年中所浪费掉的时间，如果用在文法的学习上，便会使你在余生中成为一个精确的说话者、写作者。"中国著名散文家梁实秋先生也曾坦言："如果没有在早年养成爱惜光阴之良好习惯，我很难取得成功。"

零碎时间有很多，那么怎样才能具体捕捉到它们并用来提升自我呢？

概括起来有以下几种方法：

·利用"衔接式"时间

人们在一件任务和下一件任务交接的时候会留有一定的时间空隙，这是很常见的零碎时间。比如点完餐之后排队等叫号、洗完澡之后到上床睡觉之前的那段时间。这类时间我们通常会用刷手机打发掉，但也可以用来做一些提升自我的事情，比如：听喜欢的音乐、电台，背一些单词，或者单纯地思考接下来的日程安排。

·利用"并列式"时间

顾名思义，"并列式"时间就指的是同一段时间可以用来做两件事情。这可不是要你一心二用，而是指放任一件事情自然进行然后集中精力做另一件事情。比如，煮饭的过程中处理工作任务、洗衣机洗衣服的过程中可以整理电脑桌面，而不是一味地等待。

恩格斯是著名的思想家、哲学家，他在利用零碎时间方面也颇有心得。1849年，恩格斯乘船从意大利去往英国。航行的过程中人们寻欢作乐、觥筹交错，以此逃避行程的枯燥，而勤奋的恩格斯却用这段时间来研究航海学，他在随身携带的本子上记录下潮涨潮落、风向和太阳的位置。

·减少零碎时间

你或许会好奇，本章论述的主题即为有效利用零碎时间，为何此处却提倡减少零碎时间呢？诚然，如果能将零碎时间控制到最小化，将任务与任务之间交接的时间压缩到极致，那么你便会有更多的整段的时间，在整段的时间里我们更容易集中注意力，完成负荷较大的工作。如果排队的时间太久，那我们不妨避开人流高峰期；如果不想被闲聊消耗了时光，不妨早一点结束无聊的话题。

有人做过一个实验：往水桶里加石子，很快就装满了，然而继续往里面加细沙，依然能够盛得下。你以为到此就结束了吗？并没有，还可以继续往水桶里倒水。同样，我们常常被忙碌的生活捆绑住，感到所有的时间都被填满了，其实并没有，还有很多被我们忽视的零碎时间等待发掘。如果能把这些零碎时间全部利用起来，你的生活一定会有特别的惊喜。

训练23：

一次用心把一件事做好

中国有句古语："逐二兔者不得其一。"

意思是说：如果想要同时得到两样东西，最终的结果就是一无所得。一个人在做事的时候也是如此，如果总是心猿意马，同时进行两件事，最终的结果就是一件也做不好。效率固然重要，但我们强调的是正确地提高效率，而不是迫切地想要提高速度而忽略了质量。一次用心把一件事做好，才是提高效率的正确方法。

L就是一个喜欢"一心多用"的人，电脑上好几个软件一起开着，一边在Word文档里打着字，一边放着音乐，时不时屏幕右下方的微信小绿标一闪一闪，L就会立即点开微信回复消息。一边忙着整理与上一个客户访谈的资料，一边跟下一个客户进行沟通。L每天都恨不得自己拥有哪吒般的三头六臂，帮助他完成各种各样的事情，殊不知是自己的做事方式出现了问题。

这样"同时做很多事情"的工作方式很快令L筋疲力尽，写稿的思路被轰炸的消息频频切断，浮躁的状态让他难以保持头脑清醒，在跟客户沟通的过程中险些出了差错。年末，公司开会的时候L并没有得到领导的提名表扬，相反，一直默默无闻的同事C却受到了赞扬。

L心里十分不解：明明我才是那个最努力的人啊，每天做很多事情，从来不会偷懒和松懈，为何结果还是这样不尽如人意呢？是自己还不够努力吗？L开始下意识地观察C的工作习惯和生活习惯，想要从优秀的人身上取取经。

L很快发现，C有个特点就是做事情非常专注。当他和这一个客户聊得热火朝天的时候，绝不会点开另一个客户的消息框；当他写文字或者进行数据分析的时候，一切社交软件都是关着的。不难发现，C所坚持的原则就是：一次用心做好一件事。

一次用心做好一件事，本质上是专注力的体现。

北大第一任校长蔡元培在教育学生的时候就曾强调过专注的重要性，他说："唯有专心致志，把心力集中在学问上，才能事半功倍。"著名小说家马克·吐温也曾感叹："人的思想是了不起的，只要专注于某一项事业，就一定会做出使自己感到吃惊的成绩。"

可见，专注力是一项难能可贵的能力。

为什么我们不能同时做好几件事情呢？原因可以概括为以下两点：

·人的精力有限

人的精力是有限的，只有把精力集中在一个点上才能攻坚克难，取得理想的成绩，想要面面俱到最后只会疲惫不堪。"水滴石穿"的故事核心不仅仅在于"坚持"，还要找准那个容易穿透的点，如果每天都滴在不同的位置，想要同时兼顾多片区域，最后只能悻悻而终了。

·思绪具有连贯性

人的思绪是具有连贯性的，打断了之后就很难接上。而同时做两件甚至以上的事情，就是把思绪不断切断、分散，然后再衔接的过程，当思绪被打断再衔接上是相当艰难的。并且，在思维交替的过程中会有很多精力损耗掉，再加上好几件事情同时分散注意力，想要做到极致是几乎不可能的。

美国著名企业家亨利·福特这样诠释成功的秘诀："做好事情的捷径就是一次只做一件事。"当然，他自己的人生经历也恰恰论证了这一点。

亨利·福特享有"汽车大王"的美誉，是他将人类带入了汽车时代。福特的成就与其严谨、专注的工作态度密不可分。在很小的时候，他就对内燃机的研究有着近乎狂热的喜爱，每天花大量的时间钻研，对内燃机的研究为汽车的发明奠定了厚实的基础。

等到长大之后，他创办了自己的公司，更是带着自己的团队奋力向前冲。时代在进步，但亨利·福特始终没有忘记自己最初的目标，仍然把精力集中在汽车的研究上。在1903~1908年这5年时间里就推出了19款不同的机型，这在当时看来是极为震撼的。

亨利·福特的成功很大程度上来源于其"一次用心做好一件事"的工作原则。试想，在公司发展的过程中，如果既想着发明汽车，又想着捣鼓火车，野心勃勃却不用心专一，那么福特汽车公司必然不会有如今的成就。

人生在世，很多人喜欢给自己做加法：不停地往自己的人生规划里纳入新的东西，想要利用有限的时间做出惊人的成就。这样的出发点并没有错，只是未免过于心急了。沉潜下来吧，叩问你的内心：什么是你最想要的，什么是当下迫切需要完成的，然后集中精力将其攻克。专注的力量是惊人的，把一件事情做到极致胜过把一万件事情做到平庸。

拒绝那些让自己分心的事

这天，小芳正在做PPT，突然接到朋友打来的电话。

"hello，一起去看电影吗？你喜欢的那本小说改编成电影今天上映了。"

"啊，真的吗？"小芳心中十分激动，要知道那可是她从学生时代开始就非常喜欢的一部小说，现在拍成了电影，无论如何也要去捧场的。正当小芳兴致勃勃地准备答应时，电脑屏幕上的PPT提醒了她，于是她无奈地回复朋友："抱歉哎，我得赶PPT，截止时间快到了，下次有机会再去看吧。"

"这样啊，那真是太可惜了！"说完，朋友挂断了电话。

小芳一边放下手机，一面在心中感慨：不能去看首映，真是太遗憾了。接下来的时间，她虽然一直在做PPT，但注意力却不在上面，脑海里思绪翻涌，想起少年时代的种种回忆：为了买那本很喜欢的小说跑遍了整座城市的所有书店，为了赶去那个作家的签售会，平生第一次一个人坐飞机去往另一个城市……种种回忆凝聚成最后一击，彻底击溃了小芳的注意力：不能去看那本小说改编成的电影，真的是太遗憾了！

小芳这个例子有没有让你联想到自己？如果没有的话那你应该感到庆幸。生活中，很多人像小芳一样，在工作的时候很容易分心，一点点小事就足以让她联想起过往种种，继而在脑海里上演一部意象丰富的大戏。直到截止时间的警钟敲响，才恍然从纷乱的思绪中惊醒，面对眼前一团糟的工作任务手足无措。

那些容易让我们分心的事情，恰恰是造成拖延的一大因素。思绪在诺大的宇宙里游荡，却唯独不能集中在眼前的事情上。只有隔绝那些让我们分心的事，才能做好该做的事。

让我们分心的事，大概可以归纳为以下几种：

·周围的环境

周围环境包含的因素有很多，首先是自然环境。当我们处于吵闹的环境下是很难集中注意力的，没有人会在霓虹闪烁的酒吧里写小说，也没有人会在轰鸣的铁道旁弹琴作曲，更没有人能在蚊虫飞舞的地方安睡。其次是一些"社会性"的干扰因素，比如手机等电子产品，比如源源不断的来自于互联网的讯息。

·他人正在做的事情

他人正在做的事情也有可能让我们分心。试想，当你在认真思考、忙于工作的时候，同事却在一旁谈天说地、嬉笑怒骂，你还能静下心来吗？一定很想加入到他们当中去。

要想避免周围人的影响，就要寻找一个有众多"志同道合者"的地方。当你置身于图书馆时，周围人都在埋头学习，你便会被安静、专注的氛围所影响；当你置身于一个活力四射、思维敏捷的小组时，你们一起谈论市场走向，一起进行头脑风暴，自然没有分心的机会。

·乱七八糟的思绪

许多人之所以容易分心，并非受到外在因素的影响，而是跟自己的"心结"有关。对于敏感的人来说，一点微不足道的小事就能勾起铺天盖地的回忆，甚至沦陷在消极的情绪里不能自拔。这时应该做的便是规律睡眠、健康饮食，不断给自己积极的心理暗示，怀着乐观的态度面对生活，让乱七八糟的思绪烟消云散。

歌德曾说："一个人不能骑两匹马，骑上这匹就会丢掉那匹。聪明人会把凡是分散精神的要求置之度外。"诗人口中的"另一匹马"指的就是那些让我们分心的事物。漫长的一生中，对我们造成干扰因素的事情太多了，只有把它们全盘推开，留出一方净土，才能安置那些对我们真正有意义的、重要的事物。

享誉世界的小说家村上春树从33岁那年开始跑步，每天凌晨4点起床，写作4小时，跑10公里。在他写作的过程中，绝不想其他的事情，而在跑步的过程中同样摒弃了所有杂念，全然放空自我，不去想生活与琐事，不去想工作与家庭。正是这样拒绝杂念的生活方式，让村上开辟了属于自己的、独特的写作风格。

拒绝让自己分心的事，实则是一个回归本真的过程。人自从呱呱坠地，就开始不断往肩上加重担：金钱、名声、房子、车子……

我们在前行的过程中背负了太多东西，导致追求一样事物的心思不再纯粹，声色犬马的环境很容易让人迷失，忘记了本来的目标。

被称为"艺术天才"的诗人纪伯伦在《先知》中这般描绘："我们走得太远，以至于忘记了当初为什么出发。"唯有删繁就简、摒弃杂念，才能把当下的事情做到极致。

一个人在纷乱的环境中很难静下心来做自己的事，只有抛弃了心中的杂念、与那些让我们分心的事物一刀两断，拿出"管宁割席"般的决绝，才能成就一番事业。现在，面对那些对你造成干扰的人或事，你知道该怎么做了吗？

无谓的细节无须浪费时间

常听到这样的教诲：

"细节决定成败。"

"小事成就大事，细节成就完美。"

"一个成功的人，一定是注重细节的人。"

……

种种教诲将细节的重要性展现得淋漓尽致。诚然，注重细节是一个人为人处世和工作中必不可少的品质。但是，对于那些无谓的细节却不必耗费过多的时间，把时间和精力花费在最重要的地方，才能实现效益的最大化。细节固然重要，但千万别因为过度重视细节而忽略了事情的主干，导致得不偿失。

Anne就是一个过度重视细节的人。她每天宁愿花大量的时间在检查错别字上，也不愿把时间花在思考创意上，导致方案一次次被领导驳回。Anne感到很疑惑，于是跟男友抱怨："我明明很认真很努力，可为什么老板总是看不到呢？"

男友语重心长地对她说："Anne，你仔细回忆一下你的生活习惯。"Anne在生活上就是一个过度重视细节的人，每天早上比男友早起一个小时，就为了从衣柜里挑选一套最完美的衣服，然后根据衣服颜色搭配精致的妆容。Anne重视细节的程度令人感到可怕，有时候因为眉毛不小心画歪了，不惜卸掉全部的妆容，重新画一遍，常常看得男友目瞪口呆。

这种不良的习惯被她带到了工作中。对于Anne来说，她真正应该做的是思考创意，拟出产品销售的最佳方案，而她总是把时间花费在不必要的"细节"上，比如：把短短几百字的Word文档检查一遍又一遍，把已经很干净的办公桌擦拭得一尘不染。

对细节的过分严苛非但没有对Anne的工作起到一点帮助，还耽误了不少时间。本着一颗注重细节的心，却用力过猛，导致得不偿失。

细节很重要，但"无谓的细节"却是我们要避免的。

那么，什么样的细节是无谓的细节呢？

·日常生活中的细节

日常生活中的细节，比如上述例子中的Anne，总是把大量的时间花在搭配衣服上、化妆上。爱美之心人皆有之，但也要适可而止。如同一方美玉，过度雕琢反而显得失真。

·工作中的"次要任务"

主要任务是负责创意的人，不必把大量时间花在检查文档的错别字上；本职工作是财务管理的人，不必把过多精力放在修饰Excel表格上。细节虽然重要，但这些细节对于任务本身没有任何帮助，因此是可以忽略的。

过于重视细节，可能只见树木不见森林，只见雨滴不见汪洋。多了谨小慎微的习惯，却没了宏观全局的本领，还会导致自我认知产生偏差，自以为兢兢业业、勤勤恳恳，殊不知是花拳绣腿，力气都使到了空气中。一个睿智的人，是懂得掌控全局的人，懂得细节的重要性，更懂得抓住主干。

无论是工作还是生活，都如同一棵大树，只有给予根部足够的营养，才能够健康茁壮地成长，如果一味地把注意力放在四处伸展的枝丫上，枝繁叶茂也只是表象，撑不了太久。

关注全局能够让我们的视野更加开阔、心胸更加宽广、看问题的角度也更加全面。古往今来有大成就的人都是懂得平衡"主体"与"细节"的人。无谓的细节大胆放弃，未尝不是一种生活智慧。

爱因斯坦一生痴迷于科学研究、他的注意力在探寻宇宙的奥秘上，对着装很少在意。

一天，爱因斯坦走在纽约的大街上，偶遇了一位朋友。看着爱因斯坦随意的穿着，朋友对他说："你该买新衣服了，你看你身上的衣服多旧啊。"爱因斯坦毫不在意，打趣道："没关系的，反正这里没有人认识我。"

若干年后，爱因斯坦成为了家喻户晓的科学家。有一天，他走在街上，又一次遇见了那位朋友，朋友再一次提醒他该买新衣服了。爱因斯坦摇摇头，说道："我不需要买新衣服了，反正这里的人们都认识我。"

　　从这个故事中，我们看到了爱因斯坦的幽默诙谐，也看到了他洒脱、豪放的生活态度，对于无谓的细节，爱因斯坦选择了忽视，而把精力全部倾注到自己热爱的科学事业上。

　　当然，这里并非鼓励大家蓬头垢面、不重视外在形象，而是说在重要的事情面前，一些无谓的细节是可以忽视的。当然，前提是无伤大雅的、不会造成消极影响的细节。对于那些直接决定着整个项目成败的关键细节，则一定要精确地抓住。不妨现在就反思一下，日常生活中你把多少时间浪费在了无谓的细节上，找出这些细节，然后将它们抛到脑后吧！

掌握时间管理的二八法则

茉莉是一家服装品牌的设计师，每天忙得晕头转向，在外人看来就是工作狂魔。每逢节假日，别人都去休息旅行，她却仍然一心扑在工作上，朋友聚会、和男友看电影、外出踏青……一系列活动统统拒绝。

好友不解地问她："你怎么天天都在忙啊，工作上真的有那么多事情吗？何不给自己放放假呢？"茉莉摆了摆手，回答道："我想趁着年轻的时候多奋斗奋斗，安逸的生活应当是在退休之后过。"朋友们都劝她不得。仔细审视茉莉的生活状态，她真的有那么多要忙碌的事情吗？并非如此。

茉莉是一个严谨的人，但过分的严谨也让她深受其苦。在工作中，她务必做到凡事亲力亲为；在生活上，她更是一手包揽了所有家务。所有的事情都被茉莉摆在同样的天平上，作为一名设计师，她在设计和原料筛选上所花的时间几乎一样多，这直接导致她把大量的时间浪费在不必要的事情上。

朋友好心提醒她："你这样的做法最后吃亏的是自己，真正聪明的人会合理规划自己的事情，按照事情的重要程度合理分配，不会像你这样一股脑地全扑到事情当中。"

朋友的提醒不无道理，茉莉明明可以把原料筛选、数据登记等任务交给助理去做，自己只管自己职业分内的事情即可，这样效率会提高很多。

关于时间分配，有一项高效的原则叫作"二八法则"。指的是：用80%的时间去完成那最关键的20%的事情。仔细观察我们的工作或生活会发现：比起那些很重要、很关键的事情，往往是琐碎的、不那么重要的事情占据了较大比例。时间对每个人都是公平的，所有人一天都只有24小时，关键在于如何利用。有的人能够高效地利用时间，用24小时完成了普通人要48小时才能完成的任务，有的人则截然相反。

时间管理的"二八法则"最初来源于由经济学家巴莱多提出的"二八定律"。二八定律认为：在任何一组事物中，最核心、最关键的部分只占20%，剩下的是大多数却也是不重要的。放眼我们的日常生活，处处体现着"二八定律"：

· 80%的收入来自20%的工作时间

· 80%的销售量来自20%的客户

· 80%的成绩是在20%的时间里获得的

· 80%的食堂始终重复着20%的食谱

· 80%的金钱花在了20%的常见消费上

……

时间管理的二八法则给我们的启迪是：把大部分的时间和精力花在那极为关键的事情上，而对于琐碎的事情则有选择性地忽视。当然，并非要求我们直接放弃另外那20%的部分，而是合理地取舍，做出最明智的抉择和规划。

小晚就是一个把"时间管理的二八法则"践行得非常好的例子。

小晚和几个大学时代的同窗建立起了自媒体账号，团队分工非常明确。朋友负责采访、整理素材，小晚的主要任务就是撰稿。因此，小晚的大多数时间都是端坐在电脑桌面前，把那些零碎的材料分析、组合、拼接、融入主题思想，成为一篇打动人心的稿件。

小晚的睿智之处就在于：她始终能把主要的时间用来做重要的事情。对于她来说，"写好一篇稿件"就是那占比20%的关键任务。当然，除此之外小晚还有很多其他的事情，比如协助团队成员整理素材、偶尔也会亲自出去做采访……但这些都是次要的、可替代的，所以无须耗费太多心力。

在践行时间管理的"二八法则"之前，还有一个必不可少的环节，那就是：给自己的任务按照轻重缓急排序，找出最重要的那一件或者两件事情，然后专心致志地完成。那么，如何确定那重要性为80%的事情呢？需要考虑以下几点因素：

·寻找效益最大化的事项

在确定待完成的任务之前先明确一下能给你带来最大回报的事情。这里的"回报"并不局限于经济回报，还包括让我们心理上的舒适、具有一定的增值潜力的事情。有些事情当下看不出结果，是需要日积月累的。

·截止日期即将到来的事项

对于那些截止日期即将到来的事项理应放在首位。有的人喜欢拖拉，凭着自己的喜好优先选择自己想做的事情，而把紧急的事情留在后面，这样是不对的，焦虑只会不断升级，最后将个体全盘击溃。所以，那些截止日期即将到来的占比20%的事情，是很有必要花80%的时间和精力的。

培根曾说："时间是最大的革新家。"其实，时间并不具有主动性，真正能够掌控时间、掌握人生的只有你自己。人生本就不是一个平坦的过程，其间有磕磕绊绊、此起彼伏，在不同的路段我们应当花费不同的时间，如果总是等量齐观，难免会应接不暇。所以，重新规划你的日程吧，别在那些不重要的事情上浪费光阴了！

训练27:
学会使用高效的番茄工作法

　　Mary在大学时期养成了一个不好的习惯，平时把任务一再推迟，总是自我安慰："没关系的，还有时间的啦！"到了时间快要截止的时候才开始拼了命地赶。大学时期的Mary发明了一套自己的学习方法：平时上课刷手机、作业随便糊弄，然后到了期末考试临近的时候通宵复习，窄窄的抽屉里堆满了各式各样的袋装咖啡。

　　靠着不错的头脑，Mary的成绩还算过得去。她甚至开始沾沾自喜，对室友说："看吧，我平时不用学也能拿及格分。"表面上Mary轻轻松松，其实背后却付出了很大的努力。因为平时没有认真听教授讲课，导致很多基础知识都弄不明白，一一上网上查资料，常常累得筋疲力尽，甚至有时候通宵复习，没有一点休息的时间，身体几乎撑不下去了。

　　最可怕的是，Mary把这种不良习惯带到了工作中。每天上班时间优哉游哉地刷网页、做其他的事情，到了临近下班时间便开始疯狂赶任务。当同事们梳理一天的日程，准备回家的时候，Mary还在孤身奋战，有时候要加班到很晚。

　　Mary很不解，"我都把休息的时间用来工作了，为什么还是效率不高呢？"

生活中有很多像Mary一样的人，他们在片刻的沮丧和懒惰之后会全身心地投入到工作中，但似乎工作对他们并不客气，在紧张急迫的情况下完成任务的质量并不高，而且身体上几乎是殚精竭虑、非常疲惫。

这种"把大规模任务集中到一起解决"的工作方式并不值得提倡。人的身体并非机器，在一段时间的紧张运转之后是需要短暂休息的。而那种"放任自我式"的长时间休息也不科学，"劳逸结合"其实是一件很值得考究的事情。

"番茄工作法"就是一种很好的方法，帮助人们在工作与休息之间找到那个平衡点，最大效率地完成任务，且不会过于疲惫。

"番茄工作法"是由弗朗西斯科·西洛创立的一种时间管理的方法，这个方法早在1992年就问世了，至今为人们传承。其特点是简单易行，非常容易理解和实践。具体来说，"番茄工作法"的内涵是：选择一个待完成的任务，将番茄时钟设置为25分钟，专注工作，中途不允许做除了工作以外的其他任何事情，直到时钟响起，然后在纸上画一个★表示休息5分钟，如此轮回四次可以多休息一会儿。如果中途不得已被打断，则需要重新开始计时。

你或许会好奇：为什么"番茄工作法"有如此神奇的魔力呢？

其实，这与我们人体的运行机制有关。当我们开始做一件事情的时候，注意力呈曲线状，等到过了最集中的那个点注意力就很容易被外在因素分解，此时就需要片刻的中断，然后开启新的一段努力，第25分钟就是那个最合适的时间点。

"番茄工作法"有以下好处：

·提升注意力，劳逸结合

看上去无边无际的任务总让人感到压力巨大，而在"番茄工作法"之下，你只需要集中精力做满25分钟，是不是变得容易多了？

·减轻焦虑感，加强决心

越是繁冗复杂的任务越是让人心生焦虑，而"番茄工作法"可以有效改善这一点。你的心中会始终有个信念：只要我按部就班地做下去就一定可以完成任务，原本规模浩大的目标被肢解成了一小段一小段，只要完成了眼下的25分钟就会感到成就满满，焦虑感于无形中消失了。

·改善任务流程，减少干扰因素

在平常的学习或工作中，难免会被身边各种各样的事物打扰到，而"番茄工作法"其中有一项机制就是：当任务不得已被打断时，终止计时，重新开始一段番茄时间。试想：25分钟本就是一个不算长的时间，一般人是愿意屏蔽周围一切专心致力于工作的。

盲目地付出精力有时候会适得其反，了解人体规律、科学地制定工作方法才是我们应该做的。"利用时间是一个极其高级的规律。"恩格斯如是说。

需要注意的是，"番茄工作法"中提到的时间长度设置并非要固定不变，25分钟只是一个建议时间，每个人可以根据自己的工作习惯和体能状况调整。

计量时间的工具也不一定要用专门的"番茄钟"，可以用普通的时钟、手表或是沙漏，但不建议用手机。现代人接触手机太过频繁，造成了依赖性，而"番茄工作法"的作用之一就是，帮助我们避免手机等干扰因素。

星期五

Friday

把逃避彻底删掉

认识到问题与痛苦的价值

福柯是20世纪法国哲学家，他的文学作品影响了一代人。

有个年轻人去问福柯：理想太过奢侈，该怎么办？他跟福柯讲述自己的焦虑、他的前途和他的性取向，这一切都令他痛苦，年轻人希望从福柯那里得到一个绝对科学的答案。

福柯不能给出什么建议和答案，他只是对年轻人说："不要怕，不要怕死去，更不要怕活着。"问题和痛苦虽然难捱，但也并非毫无价值。以一种审视的目光看它们，日子终究会变得明媚起来。

问题，是让我们烦恼的东西，也是需要面对和解决的。与"问题"交锋的过程中，势必会产生痛苦。因而，害怕、逃避常常会导致拖延。人类的本能是趋乐避苦，但那些"苦"中所蕴藏的价值常常被人们所忽略。问题与痛苦本身并不值得歌颂，但能从当中挖掘出经验和价值的人，才是真正的强者，是生活的主导者而不是服从者。

设计师设计方案是一个痛苦的过程，在这个过程当中需要进行大量的头脑风暴，不断深挖大脑深处的创意，渴望每一次灵感乍现的时刻；作家创作文学作品亦是一个痛苦的过程，思维的火花在文字间闪烁、碰撞，表达欲得到释放，本是一件令人欢喜的事情，但同时也面临着灵感枯竭、情节骤停的苦恼；学者研究学问也不容易，铺天盖地的资料、挑灯夜读史集，身体承受着相当大的负荷。

这些都是痛苦而珍贵的过程。白岩松在他的《痛并快乐着》一书中讲述了自己从事新闻工作的经历，十年来痛苦与快乐并存，每一次跌宕起伏都是成长路上最好的养分。那些让你望而却步的问题就像是一座座山峰，山脚下的你或许会觉得高不可攀，但当你抬起脚来一步步翻越时，你会发现其实并没有那么难。而山的另一边，是无限美丽的风光。

尼采说过："人生的幸运，就是保持轻度的贫困。"这里的"贫困"并非特指物质上的贫苦，更多的是人生中的窘境、追逐理想过程中面临的种种难题。正是这些难题帮助我们蜕变，在寻找出口的同时真真切切地得到了历练。

有这样一个小故事：某年丰收时节，上帝看到农夫收获满满，由衷地为他感到开心。

农夫却埋怨道："我几十年如一日地向您祈祷，渴望一个平静的年份，没有冰雹和旱涝，没有蚊虫和风雨，可是您总不能如我所愿。"

农夫继而吻着上帝的脚，对他说："尊敬的上帝，可不可以给我一年无旱涝、无风雨、无虫灾的时间，我想要我的农田有更多的收获。"

看到农夫执着的模样，上帝只好许诺："那好的，我答应你，明年一年的时间你的农田会风平浪静。"农夫欣喜归去。

等到第二年丰收时节，农夫的麦田里果然展现出一派生机的景象：风吹过扬起金黄的麦浪，麦子生长得更加密集，色泽温润。农夫满怀期待地摘下一颗麦穗，却发现里面竟然是空的。农夫欲哭无泪，于是又向上帝请教："这是怎么回事？"

上帝顿了顿，对他说："对于麦子来说，风雨不仅是它们成长的养料，更锻造了麦子的灵魂，让它们更加坚实饱满。经历过与风雨雷电的抗争，麦子才能有自己的生命力。"农夫恍然大悟。

麦子如此，人亦然。因为畏惧困难而拖延，那是弱者的行为。真正的勇者敢于迎难而上、劈波斩浪，奔赴向自己理想的殿堂。问题和痛苦的价值概括起来有两点：

·攻克难题过程中收获的经验

为什么会陷入困境？要怎样解决问题走出困境？当你不断思考这些问题的时候就已经有了收获，或是经验教训、或是对未来事业的规划……这些都成为了最宝贵的东西。

·苦尽甘来的收获

没有轻易得来的成功，当你彻底解决那些问题之后，便会离终极目标更进一步。

如同美学大师朱光潜所说："正路不一定就是一条平平坦坦的直路，难免有曲折和崎岖坎坷，要绕一些弯，甚至难免会误入歧途。"

　　经历过高温的炙烤才能炼成最坚硬的钢铁，经历过百般雕琢的石头才能成为美玉。成功从来不是一件触手可及的事情，而是一个直面问题、解决问题，进而螺旋式上升的过程。

　　现在，列出一份清单吧，你的目标是什么？在追寻目标的过程中可能面临哪些困难？你将迎难而上还是望而却步？我想，你心中已经有了答案。

训练29：
越是恐惧的事越要去面对

"你怎么还没去找工作？这都拖了多久了。"

"不敢投简历，担心被拒绝……"

"可是你不去尝试就没有成功的可能性啊！"

"你说得对，但是……我还是很害怕。"

生活中，常常有人因恐惧而失去机会，甚至压根不敢挑战。原本的目标就被搁在原地一拖再拖，恐惧不断滋生和增长，人却在原地踏步。其实，越是恐惧的事情越要去面对，当你学会直面内心的恐惧，打开恐惧的大门就会发现，外面一无所物。

陈辰今年刚入职新公司，从小内向的她很渴望跟身边的领导、同事搞好关系，现在刚好到了新环境，她想利用这个机会由内而外地改造一下自己。可是她很快发现，自己适应环境的能力远没有想象的那样强大。

看着同时入职的好友和大家打成一片，陈辰在一旁不知所措。对于陈辰来说，主动与人交流、心无芥蒂地和大家在一起嬉笑打闹是一件很难的事情。人际关系，早就成了她不愿触碰的痛点，无数次想要从封闭的内心世界走出来，无数次因为恐惧而告终。

几个月后，领导组织大家一起聚餐。陈辰又一次感到了恐慌，跟发小诉说起自己的担忧："怎么办啊，我不敢去聚餐，担心气氛会变得尴尬。你知道的，我这个人向来不擅长与人打交道。""但是如果你总是不去尝试、不勇敢迈出第一步的话，你永远没办法成为自己喜欢的样子的。"发小对她说。

陈辰心想：自己从一个小山村里考到了大城市，大学毕业后又毅然留在了一线城市，经历过食不果腹的苦日子，也在爱情面前栽了很大的跟头。为了改变自己的命运，那么多苦都克服了，现在这点恐惧，又有什么可怕的呢？

于是，她打消了推却聚会的念头。当天，她大大方方地挑了一件最喜欢的衣服穿上。和一群人坐在同一张桌上吃饭，其实也没有想象的那么可怕。饭桌上的陈辰，在与人交谈时仍然感觉有些拘谨，但相比于之前那个畏畏缩缩的她，已经进步很多了。

内心的恐惧来源于对事物的不确定性。同一段路，你在白天敢走，晚上却不敢走，是因为黑夜让你感到"不确定"，不确定漆黑的夜幕中隐藏着什么危险。不敢投简历，是因为不确定是否能通过，不确定自己是否能得到一份心仪的职业。

这种"不确定性"让很多人都不敢迈出第一步。其实，当我们勇敢地打破这种恐惧，摸索着向前走时，"不确定性"就会越来越浅，取而代之的是更加坚定的内心和更加清晰的未来。

那么，如何打破内心的恐惧，成为一个行动力满满的人呢？

·写出你的恐惧

准备好一张纸，在上面写下你现在最想完成的事情和最害怕发生的情况。是的，需要用纸质的便签，电子产品大行其道的时代，手机上的内容一不小心就被删去了，纸质的恰恰能保留得更长久一些。

·列出最坏的结果

思考放手去做这件事情，最坏的结果是什么。投简历不过就换一家，找不到好工作也不至于流落街头。恐惧社交就去大胆与人交流，尴尬的氛围总能找到话题缓解，即便找不到也没什么可怕的，又不至于孤独终老。真正让我们感到恐惧的是不理想的结果，而如果最差的结果你都能接受，那还有什么可担心的呢?

·制订紧密的工作计划，用行动稀释恐惧

生活中，许多人一边虚度着时光，一边被恐惧折磨着。随着截止日期的来临，这种恐惧感愈加强烈，甚至忘记了本来的目标，失掉了行动力。恐惧总是趁着闲暇的空隙钻进我们的内心，而当你把日程表排得满满的，按部就班地完成任务，就能用行动稀释恐惧，化恐惧为前进的力量。

昂山素姬在谈及恐惧的时候说道："唯一真正的监牢是恐惧，而唯一真正的自由就是摆脱恐惧。"许多人误以为给予自己足够的心理暗示就能走出恐惧，比如，不断地安慰自己："我不恐惧，我一点儿都不害怕。"其实，这样反而会加重恐惧感。

摆脱恐惧的最好方式，不是试图说服自己恐惧不存在，而是承认恐惧，接纳自己会惧怕某些事物的事实。只有接纳恐惧，才能想办法战胜它。

如果你自我欺骗，嘴上说着不怕，心里面却十分担心，这样当你恐惧的事情真正发生的时候会在瞬间方寸大乱，相当于"经历了两次恐惧的事情"。只有坦然面对恐惧，与恐惧来一场真正意义上的较量，才能在这个过程中变得更加强大。

承认问题是解决问题的开始

S先生从大学毕业之后就没找到一份长久的工作，很多岗位在招募职工的时候要求最低是研究生学历，如果能力强的话学历条件可以放宽。经过很多场面试被刷下来之后S先生感到万分沮丧，他向身边的朋友抱怨："他们根本就不懂得爱惜人才啊，我在大学时代那么优秀，还是学生会的副主席呢，凭什么不招我啊！"

朋友摇摇头，认真地跟他说："你有没有想过，或许不是公司的问题，而是你自己的问题。你在大学时代的履历虽然光鲜，可是公司需要的不是那些啊，需要的是你的核心技能和创新思维，学历是一方面，能力也是一方面，既然你无法在学历上拔得头筹，何不让公司看到你的能力呢？"

S先生一直处于逃避问题的状态，不敢正视自身的不足，也不愿承认自己在某些方面是确实比不过竞争对手的。他把自己关在一个"我很完美"的圈子里，不愿意走出来。因此，问题就永远得不到解决，他也找不到一份心仪的工作。

有句话叫"你永远也叫不醒一个装睡的人"，说的就是像S先生这样的人。他们永远在找各种各样的理由逃避问题，把问题归因于外在因素，却从不反省自身。如果一个人连承认问题的勇气都没有，更别提想办法解决问题了，相当于还未冲锋陷阵就已经做了逃兵。

很多人不愿意承认问题，是因为内心的逃避机制在作祟。在他们的潜意识里，承认问题是可耻的、令人尴尬的，却不懂得承认问题才是解决问题的开始：承认自身在某些方面天赋不足就会知道要多加努力，承认事情非常棘手就会努力寻找解决办法。当一个人对自我坦诚的时候，他才能对症下药，做出实际行动来。

人们通常会不承认两类事情：

·不承认自我天赋的缺乏

人生而不同，每个人都有自己擅长的领域跟欠缺的地方，就像有些人天生就对文史艺术类工作充满热情，有些人天生就对计算机软件非常敏感。或许在有些人看来，前者枯燥乏味，后者单调苦涩，但乐在其中的人却会觉得万分开心。

人们对于自己擅长的领域总是能给予最大的耐心和时间投入，而对于自己的短板却常常避之不及。承认自己在某些方面天赋的缺乏是一种勇气，而在此之后努力寻找自己擅长的领域则是加强自我认知的过程，在这个过程中我们会成就日渐完善的自我。

·不承认现实存在的、难以解决的问题

不承认现实存在的、难以解决的问题是一种掩耳盗铃的行为。盗铃人深知堵上自己的耳朵外人还是能听见铃铛的声音，他这么做

只是为了让自己心安一点，自我逃避、自我说服。问题就在眼前，逃避只是取得了一时的内心安宁。

Z小姐的银行卡里余额已经不多了，她却仍然大手大脚地花钱，往购物车里加了一件又一件东西。明明知道自己处于经济拮据的状态却不愿意直面，而是在心里安慰自己：状况还没有那么糟糕，船到桥头自然直。最后，只能向朋友求助了。

美剧《新闻编辑室》里曾说过："承认问题是解决问题的第一步。"承认问题你才会寻找解决的办法，才能最快速地做出行动。

那么，如何才能做到勇敢地承认问题呢？

·不要对自己过于苛刻

承认问题并没有什么可怕的，我们每个人都是带着无限的可能和未知来到这个世界的，没有人能做到尽善尽美。过分的完美主义会降低行事的效率，人无完人，我们只需要在自己能力范围内最大化利用自己的天赋就可以了。

·让家人朋友成为你的"参谋师"

正所谓"旁观者清，当局者迷"。我们常常在评判他人的时候一语中的，却在审视自己的时候产生偏差。有些问题是真实存在的，有些问题则是自己臆想出来的，这种情况不妨请身边可靠的朋友或者家人做个参谋，让他们从理性的角度审视问题。

·明白一切问题都有解决的办法

不敢承认问题的直接原因是因为害怕没有解决的办法，或者解决问题的过程需要付出太多努力。世间万物都具有两面性，光明与黑暗，正义与邪恶，困境与挣脱。一切问题都有解决的办法，只不过有些需要付出的努力或者牺牲的东西多一点，另外一些则少一点。当你意识到这一点的时候就会知道，逃避问题只是暂时的拖延，却不能从根本上获得解放。

A是从三线小城考进大城市的，当他步入大学的第一天就意识到了和同学们的差距，这种差距并非体现在人格上，而是在一切肉眼可见的实际问题上。比如：他的口语没有那个在国外生活过的室友好，他的思维能力跟那个常年参加各种理科比赛的同学差距悬殊。但他很快意识到了这个问题并坦然承认。此后的日子里，他积极主动地向身边优秀的同学请教，在别人娱乐的时间里拼命努力，他把"勤能补拙是良训"贴在自己的书桌上，每天警醒自己。

毕业时的A，已经收到了好几家公司抛来的"橄榄枝"。这种发现问题、勇敢承认问题并努力改变的行事态度必将被他践行到工作中。A用实际行动证明了差距并不可怕，问题并不恐怖，勇敢承认就有改观的可能。

现在，想想那些让你害怕和逃避的问题吧，它们真的有那么恐怖吗？它们真的是没有办法解决的吗？那些或大或小的问题就把你逼入绝境了吗？如果没有的话，请你坦然承认吧！正视自身或外界的问题，将是你解决问题的开始。

训练31：

不要总是指望别人替你解决问题

　　Jack是单位里出了名的"懒癌患者"，恨不得所有事情都请同事帮忙，自己坐享其成。乱糟糟的文档和表格直接发给同事，附上一句："帮个忙啦非常感谢！"大家一起加班的时候，Jack永远都不会是下楼拿外卖的那一个。对他来说，事情能推给其他人就绝不自己做。

　　大家碍于情面，嘴上不会说什么，但时间久了都对Jack感到不满。谁愿意整天服务于一个好吃懒做的人呢？然而Jack似乎并没有意识到这一点，仍然每天对身边人"呼来唤去"，大家的不开心都写在脸上了，Jack却熟视无睹。

　　直到有一天，老板让Jack加急赶一份PPT，第二天开会的时候需要展示。收到消息的Jack正窝在家里打游戏，而此时的时针已经指向20：00了，按照Jack的工作效率，一时半会是肯定做不完PPT的。于是他习惯性地发微信给关系好的几个同事："在吗？可以帮我做一份PPT吗，我今天真的太忙了。"时间一分一秒地流逝，却始终没有人回应他。

　　无奈之下的Jack只能自己打开电脑做，这时候他才发现很多功能和插件他压根就不会使用，平时遇到一点小问题就向同事求助，连百度都懒得打开一下，陷入这样的困境之中也是意料之中的。

诚然，在当今社会人脉的重要性非常明显，拥有良好的交际能力和不错的人脉关系可以帮助我们解决生活和工作中的很多问题，但这并不意味着你应该总是寄希望于他人身上，指望别人替你解决问题。

一方面，没有人能永远陪伴在你身边。很多时候，"远水救不了近火"，当你急需完成一件事情的时候，擅长这方面的朋友可能远在海角天涯，心有余而力不足。

另一方面，人际关系的本质是潜在的价值交换。没有人会永远无偿为你奉献时间和精力，一时的伸出援手可能是出于好心或者碍于情面，作为接受帮助的一方应当心怀感激而不是一味地消耗这段关系。再者，不是所有的问题别人都能帮忙解决，有些事情必须要亲力亲为，你不可能让其他人帮你承受疾病的痛苦，也不可能让别人代替你去参加一场面试。

因此，巩固自己的实力才是最重要的，只有自己的能力才是稳稳地握在手中的东西。我们应当建立坚固的堡垒，有意识地训练靠自己的努力解决问题的能力。

正如布莱希特说："不论踩什么样的高跷，没有自己的能力是不行的。"比起四面逢源的社交能力，更重要的是"兵来将挡水来土掩"的自身实力。"求人不如求己"说得正是这个道理。求人，既消耗人际关系又不敢确保完成任务；求己，才能清楚地掌握事情发展的动向，成功的荣耀是属于自己的，失败了也不会对他人有所抱怨。

这个故事想必你也听过：一个年轻人在屋檐下躲雨，看到观音菩萨撑着油纸伞经过，他匆忙叫住菩萨并恳求她："听说您大慈大悲普度众生，今日风雨甚大，能否带我一程？"菩萨摇摇头："我并没有普度众生的能力，所依托的也只是这把纸伞罢了。你若寻渡，不应找我，而是应该找伞去。"年轻人非常郁闷。

翌日，年轻人遇到了难事，便去附近的庙里拜观音菩萨，忽然看到自己身旁也跪着一个人，在虔诚地地对着菩萨雕像祈祷，仔细一看此人正是观音菩萨。年轻人不解地问："世人皆拜你，为什么你要拜自己呢？"菩萨莞尔一笑："我也遇到了难事，但我知道求人不如求己。"

雨果说："我宁愿靠自己的力量打开我的前途，而不是靠他人力量的垂青。"一个文人的尊严在此间得到体现。于我们每个人来说都是如此，靠别人总是没有靠自己来得踏实安心。

当然，不总是指望别人帮你解决问题，并不意味着我们要拒绝一切外来的帮助。只是说，当我们自身有足够的实力时，不要过度依托于外界的力量，造成自我的惰性，也为日后的无助埋下了伏笔。因此，什么时候靠自己，什么时候向他人寻求帮助就成了我们要考虑的问题。

以下几条原则可以作为你的参考：

· 能自己独立完成的任务不必寻求他人的帮忙；

· 自己努力一下就可以做到的事情不必烦劳他人；

· 同事、朋友之间尽量互帮互助，不要单方面接受而不给予；

· 在团队工作中公平分配任务；

· 需要他人协助的事情可以向他人寻求帮助和支持。

能够在需要帮助的时候随时找到可以依靠的对象，固然是一件值得庆幸的事情，但别让这份美好变成一方的负累。一如诗人歌德给我们的启发："我们虽可以靠父母和亲戚的庇护而成长，倚赖兄弟和好友，借交游的辅助，因爱人而得到幸福，但无论怎样，归根到底人类还是依赖自己。"

认清你给自己找的拖延借口

"hello~你最近的公众号怎么没见更新啊？"

"最近啊，最近真的太忙了没有时间更新。"

"平时都在忙什么啊？"

"忙着本职工作啊，还有洗衣做饭，累了就看看剧放松放松，时间就一天天过去了。"

在面对好友的问候时，C总是能找到各种各样的原因，其实她真的每天都那么忙吗？并非如此。工作、家庭并不能占据她所有的时间，她这么说只是给自己的拖延找借口罢了。

C的状态代表了一大群"拖延症患者"。他们总是习惯性打发时光，等到面临deadline了，就开始给自己找各种借口，这些理由往往看起来十分合理，好像自己真的是个大忙人似的，其实只是说话者在试图掩盖自己的不安罢了。

认清自己的拖延借口，不要逃避和掩饰，是告别拖延的第一步。通常，人们会为自己的拖延找以下借口：

·问题难以解决，因此搁置

趋易避难是人类的本性。成大事者和普通人的区别就在于，前者遇到困难时第一反应是想办法解决，而后者是想着尽可能地逃避。人们常常会在困难面前退缩，殊不知逃避并不能解决问题，被搁置的问题只会一步步累积，随着时间的推移变得越来越复杂。

·总认为还来得及

"明天还有时间呢，今天我先放松放松吧。"真正等到第二天就开始手忙脚乱，这种"总认为还来得及"的思想是导致很多人喜欢拖延的原因之一。

对自己的认知偏高，认为自己可以在短暂的时间里完成大量累积的任务，这是很不切实际的。与其寄希望于明天，不如现在就开始行动。

如同《给大脑洗个澡》中所说："明天只是一个一毛不拔的吝啬鬼，它用虚假的承诺、期待和希望大量地剥削你的财富。它给你的永远是无法兑现的空头支票。"

·内心的恐惧

试想，眼下有一件非常棘手而又意义重大的事情，你不得不去完成，可执行的过程中充满了风险，甚至有很大付出努力却最终失败的风险，你还会心无芥蒂地去做吗？

很多人的答案是否定的。这种时候就需要有适当的敢于冒险的勇气，如果总是逃避，恐惧便会一直占据你的心，敢于面对和做出行动才是王道。

·打破"我很忙碌"的虚假表象

你真的很忙吗？还是说你只是用"忙"来做借口？那些被你定

义为"忙"的日常琐事，真的能占据你所有时间吗？没有如期完成
工作的日子里，你做的每件事都是非做不可的吗？还是说你只是在
消磨时光？

很多人在面临一堆任务的时候，会下意识地做一些无关紧要
的事情，比如喝一杯奶茶、翻一翻微信群聊的消息，不停地自我麻
痹、自我逃避。打破这种虚假的忙碌表象，去做那些真正有意义
的、紧迫的事情；而不是一边自我安慰，一边心惊胆战。

时间是最公平的东西，我们每个人每天都只有24个小时，你的
生活状态如何取决于你对时间的利用率，把宝贵的时间花在不必要
的事情上无疑是浪费生命。

鲁迅先生谈及自己的成功之道，言道："我把别人喝咖啡的
时间用在工作上。"因此先生一生著作颇丰，为后世留下了宝贵的
思想财富。认清你给自己找的拖延借口，才能从本源解决问题。现
在，请你认真思考以下几个问题：

·眼下最紧急的事情是什么？

·你最想做的事情是什么？

·后一项是非做不可的吗？

·思考"你想做的"和"你应该做的"这两件事会带来什么好
处跟坏处？

·哪些是效益最大化、损失最小化的事情？

经济学中有"机会成本"的概念，大致意思是：当我们选择专

注做一件事情的时候，势必要放弃可能从另外的事情当中得到的收益或机会。这里愈加体现了珍惜时间的重要性，比如，当你选择将资金和时间成本投入到眼前的项目中，就意味着你必须抛弃外人伸来的橄榄枝。时间分配上也是如此，如果你选择拖延重要的事情，就意味着"机会成本"的丧失，那些被你浪费掉的时间本可以用来做更多、效益更大化的事情。

所以，表面上你只是拖延了一小会儿，其实丢失了很多机会。

赫胥黎说过："最珍贵的是今天，最容易失掉的也是今天。"既然昨日已是过往，明天尚不确定，我们能把握的只有当下。

认清你的拖延借口，回顾你经常挂在嘴边的那些关于拖延的字眼，努力把它们从你的人生词典中清除。每一个珍惜时间的人，终有一日会收到时间的馈赠，这个过程也许是缓慢的，但必定是值得期待的。

训练33：

对工作保持积极主动的态度

L小姐是一个很容易陷入负面情绪的人，别人的一句话或者生活中的一件小事都能让她寝食难安，用"玻璃心"来形容她简直再适合不过了。她对待工作也总是被动消极的态度，业绩很不理想。当代年轻人中流行的那句"间歇性踌躇满志，持续性混吃等死"仿佛就是为她量身定制的。

她的朋友圈里几乎容纳了她日常的所有情绪，对工作的不满、吐槽，对生活的抱怨，那些或长或短的文字就像小虫子一样，啃噬着刷到那条朋友圈的人，总是弥漫着一股低气压的气息，让人想要立马跳过。

L小姐坦言："我也想做一个积极阳光的人，可是日子也太难过了吧。"

有许多人像L小姐一样，一方面希望自己成为一个积极和优秀的人，一方面又被生活的重担压得喘不过气来，疲惫又悲伤地消磨时光。他们从不主动寻找机遇和跳板，而是等待工作把自己逼到绝境，然后把为数不多的精力榨干。每天不情愿地走进公司，不情愿地完成自己的义务，甚至辞职的念头一直在头脑里徘徊，恨不得马上抛掉工作跑回家才好。

如果总是以这种消极低迷的态度对待工作，又怎么能保质保量地完成工作呢？

哲学家阿诺德所言极是："最惨的破产就是丧失自己的热情。"一个人只有保持积极主动的态度，才能把自己的实力发挥到极致，把工作做到最好。在积极主动的心理状态支配下的人，不会混吃等死，而是会迎难而上挑战自我。

积极主动的态度，不是时刻保持高昂的精神状态，像打了鸡血一般；也不是遇到什么事情都冲在最前面，恨不得昭告全世界："我很积极进取！"真正的积极是一种平和的心态，是刻在骨子里、融进血液里的看事物的态度，有着不动声色的力量。

真正的主动，不是努力抢占风头，不是碰到任何事都要上去试一试，而是对于自己的分内之事第一时间做好，在此之外追求其他能够达到的高度。

一个人为人处世的态度与他的家庭氛围、成长氛围有着密不可分的关系。当然，也是可以后天改变和培养的。如何保持积极主动的态度面对工作呢？以下几点建议希望你收藏好：

·保持规律的作息、健康的饮食

"健康是革命的本钱"。事实证明，一个人的生理状态很大程度上决定着其心理状态。试想，如果一个人痛苦、饥饿、疲惫，连保证基本生活都困难，哪里有多余的精力应付工作呢？保持规律的作息、健康的饮食，听舒缓的音乐，读心仪的书籍，这些都可以帮助我们维持良好的生理状态。

·给自己积极的心理暗示

人们很容易受到心理暗示的影响。很多人嘴上喊着"丧"，不知不觉就真的丧了。同样，如果你能给予自己积极的心理暗示，面对工作的态度也会变得积极起来。

用"我可以的"代替"我很害怕"，用"我能静下心来，我挺喜欢这件事的"代替"我真烦躁真厌恶这件事"。积极的心理暗示并非要你颠倒黑白、扭曲事实，而是让你逐步转换视角，看事情由悲伤消极的一面转为快乐积极的一面。

·常做那些"高能量姿势"

美国作家埃米·卡迪在他的《高能量姿势》一书中，提到"让身体决定心理"的概念，并通过哈佛大学长达数十年的科学实验证明了这一点。直白地说，即：在日常生活中可以通过做一些扩展性的姿势让自己身心舒畅、舒缓紧张沮丧等消极情绪。

书中提到了一个经典的"高能量姿势"是"神奇女侠"姿势，即双手叉腰、两腿分开、头部向上扬起，并在心中告诉自己："我完全hold住（能掌控）这样的场面。"实验证明这个姿势可以给人们带来信心。

当我们看问题的视角提升到一定高度时就会发现，与宏大的人类社会相比，工作的压力和烦恼实在是微不足道的。当你为一周的工作而抓狂的时候，世界的某一角或许正上演着战争；当你为月薪没有达到自己理想的水平而忿忿不已的时候，有人连下一顿饭都没有着落；你为一点鸡毛蒜皮的事情而感到天崩地裂，有些人却已在濒临崩塌的边缘；当你为生活琐事消极抱怨个不停，有些人却面临着生死抉择。

很多时候，我们以为有些处境艰难得无法逾越，却不知道有人比我们更艰难，可他们仍然在别人看不到的地方勇敢地活着。所以，何不以一种积极进取的态度对待工作与生活呢？哪怕是脚踩泥泞，只要眼睛向前看，仍然不会错过一路的好风光。

训练34：

用"做做看"代替对结果的计较

很多人在做事之前会反反复复地思量，猜想各种选择的最终结果，渴望做出效益最大化的选择，这样的出发点是没有错的。问题是，很多人在评估的过程中迷失了，他们发现问题本身并没有自己想象得那么简单。

事物的发展是个动态的过程，在这个过程中会有各种各样新的元素出现，谁也不能精确地计算出到底哪一种选择才是效益最大化的。更遗憾的是，反复比较的过程浪费了大量的时间，这些时间本可以用在执行任务上。

与其过于计较结果，不如先做做看。对结果的比较，只是停留在口头上的分析，而"做"指的是"做出具体的行动"，行动永远比语言更有说服力。

对于"做做看"，我们要避免以下几个误区：

· **"做"不是盲目地做，而是有方向、有目标地努力**

比起做这件事本身，"做做看"更加强调的是你的行动力。光有满腔热血是不行的，你得付出行动，盲目的行动亦是不可取的，明智的人懂得在行动之前制订好计划，知道自己要去往的方向。有目标的努力才能把力气集中到一个点上，攻坚克难。

·"做"不是一个一成不变的过程

坚持不懈、始终如一是人类美好的品质，但如果演化为墨守成规、不知变通就未免太过可惜了。要知道，"做做看"并非一个一成不变的过程，这个过程是动态的，身处其中的你不应该一味地向前冲，而应该时不时停下脚步审视一下自我，眺望过往的路，总结经验、吸取教训。行动是一个灵活的、可调整的过程，而不是固定不变的。

·"做做看"的本质在于突破自我

很多人在做选择的时候畏手畏脚，过度担心损失，导致始终徘徊在原地不愿向前一步。对结果的一次次比较看似是在明智地分析问题，实则也是一种逃避。只有当你真正迈开第一步，开始做出行动的时候，才是真正的正视问题，这是自我的突破。

·珍惜试错的机会和成本

每个人的精力和财力都是有限的，随着年龄的逐步增加，能够做某些事情的机会也越来越少，生活状态趋于稳定。适合在这一个年龄段做的事情，不一定就适合在另外一个年龄段里做。所以，试错的成本是有限的，要倍加珍惜。放手去做本身就是个试错的过程，在这个过程中你才能不断矫正方向，"有限的试错成本"包括时间成本、精力成本、金钱成本。

关于行动的力量，克雷洛夫诠释得非常到位，他说："现实是此岸，理想是彼岸，中间隔着湍急的河流，行动则是架在川上的桥梁。"诚然，行动和结果都很重要，但如果一味地担心结果而忽略了行动的重要性，就只能看着一无所获的自己感到自惭形秽了。

H在一个乡镇机构做公务员，每天朝九晚五，有不少的空闲时间。他打算发展一项副业，在网上搜索好几天后，他决定写小说，然后给相关平台投稿。H通过各种途径找到了很多投稿渠道，于是他开始仔细地比对：哪一家的稿费更高呢？哪一家审稿周期更短呢？哪一家最诚信不会骗稿呢？我投了之后会不会石沉大海呢……

就这样，H花在思考结果上的时间，远远比花在写小说这件事本身的时间要多得多。而这些所谓的"思考"，不过是一些毫无意义的幻想罢了。他的小说还只字未写，内心就已经被犹疑和纠结充满了。

纠结了很久，H终于草草写完了一篇小说，投进了"最合适的那家"的邮箱。相应的截止日期到了，H理所当然地没有收到任何回复。

过于计较结果，会让我们在还没有开始行动的时候内心就充满恐惧、犹疑，行动上也变得飘忽不定。与其想太多没有实际意义的东西，不如踏踏实实地走好每一步。正所谓"牢骚太盛防肠断，风物长宜放眼量"，谁也不知道在行动的过程中会发生什么有趣的事情，又会与哪些机遇撞个满怀。所以不妨大胆一点、洒脱一点，即便没有100%的把握，也要拿出十二分的勇气去尝试，总好过永远在原地踏步。

汪国真先生在他的《热爱生命》一文中写道："我不去想/是否能够成功/既然选择了远方/就只顾风雨兼程。我不去想/身后会不会袭来寒风冷雨/既然目标是地平线/留给世界的只能是背影。"

当你开始去"做做看"的时候，难免会遇到一些或大或小的阻碍，但也正是这些阻碍将我们塑造成自己喜欢的样子。此刻，就放下你心中的犹疑吧，不必过度在意结果怎么样，用行动向你的目标迈出第一步。

训练35:

遇到困难不找借口找方法

小韩和小王毕业时怀揣着不相上下的简历，同时入职了一家互联网类公司。原本势均力敌的两个人却在进入职场一年后产生了巨大的差距。

年终的时候，小韩不但拿到了应得的工资，还得到了一份颇为丰厚的奖金。这让小王心理失衡了，他甚至想冲到老板的面前质问他："凭什么给小韩那么多福利，我勤勤恳恳工作，为公司做牛做马，哪里就不如他了？"但也只是想想而已，纵然心中愤愤不平，也不会把这样偏激的话说给老板听。

其实两个人是有显著差距的，这种差距不仅体现在工作能力上，更多的是体现在思维模式以及行为方式上。小韩和小王，两个人展现出来的是截然不同的精神风貌。

每当工作中面临着相似的困难，前者第一反应是想办法解决，自己一筹莫展之时就向别人寻找帮助，即便动用所有人脉跟资源，也要把问题解决掉。而后者则是消极心理，遇到问题首先找一堆借口，等到冷静下来发现这样并没有用的时候，别人已经先一步解决了问题。

思维方式决定行为模式。"不找借口找方法"就是一种理智的思维模式，当难题摆在我们面前的时候，找借口便是给自己充足的理由逃避和松懈，容易产生消极回避的情绪。当一个人被消极情绪淹没时，想要凭一己之力走出来是很难的。而"找方法"的思维方式直接越过了"焦虑、逃避"这一步，与实际存在的问题"面对面碰撞"，更容易早点想出解决方案。

让我们再回到小韩和小王的故事。有一天，他们收到了同样的任务安排：帮助公司推广新出的App。这可把小王愁死了，新上线的App各种功能还不完善，公司的知名度也不高，这要怎么办是好呢？就这样，半个月的时间一晃而过。

小韩的反应则与小王截然相反。接到任务的他第一时间想解决方案，他先是让自己的亲戚朋友下载这款App，作为第一批种子客户测试App的各项功能，然后及时反馈使用体验。其次，小韩招募了几个私人兼职，一起去街头作地推，效果也很不错。最后就是利用社交媒体、公众号、微博广告投放。

当小王正急得像热锅上的蚂蚁团团转时，小韩已经把这一切有条不紊地做好了。试问，这样的人怎么会得不到领导的赏识呢？前者找借口，后者找方法，两种截然不同的思维模式直接导致了不同的行为方式和不同的结果。

王小波在他的散文集中说道："人的一切痛苦，本质上都是对自己无能的愤怒。"我们会为工作中的困难感到焦虑、埋怨，甚至恼怒，本质上是因为自己的无能为力，而人的自尊心是极强的，宁愿找各种各样的借口来安慰自己，也不愿承认是自己能力不足的问题。

遇到困难不找借口找方法，其实是一种难得的谦逊，敢于承认自己没有得天独厚的天赋，能够在第一时间给出对策，所以愿意尝试、愿意主动寻找方法。

对于职场新人来说，"不找借口找方法"尤其重要。初涉职场的"小白"常常在面对一些问题时手足无措，声称自己"之前没有接触过""第一次遇到这样的事情不知道该如何处理"，仿佛找到了借口就可以把责任推卸给事情本身，而不是自己似的。但我们知道，问题不会自行消失，还是等待着人去解决的。

对于一个企业来说，重要的永远是解决问题的方法和策略，是那些能够真正将企业效益提升一个档次的员工，没有人愿意听你喋喋不休的抱怨。相比于低效而无用的借口和说辞，大家更重视最终的结果。

"找借口"是本能，"找方法"却是智慧。前者让问题停滞不前，后者却能引领我们渐至佳境。还记得乌鸦喝水的故事吗？又细又长的瓶颈仿佛是存心跟乌鸦过不去，可是乌鸦既没有抱怨瓶颈过高也没有抱怨自己天生长了一张又短又扁的嘴巴，而是决定"智取"。他叼来一颗颗小石子扔进杯中，随着石子的沉积水面逐渐变高，乌鸦顺利地喝到了水。

悲观的人会想，乌鸦的处境真是太糟糕了。自身条件的欠缺似乎能允许他找各种借口来逃避"喝不到水"这件事。但显然故事里的乌鸦是聪明的，比起"自我欺骗式的"找借口，他更关心自己能不能喝到水。

方法总比困难多。在面对难题的时候，最无效和懦弱的表现之一就是找借口，而"找方法"恰恰意味着更多的出路和可能性。那么，如何"找方法"呢？

互联网时代可以利用的资源很多，各种搜索引擎是人们的第一选择对象，此外还有种种专业的网站，以及微信公众号、微博这样的社交媒体。如果这些还不能帮你解决问题的话，快捷的联系方式可以让你在一秒钟之内给相关领域专业人士发去消息。团体协作平台则可以把天南地北的人聚集到一起，一起进行头脑风暴、探讨最佳策略。

下一次，当你遇到难题的时候，把即将说出口的抱怨收回，取而代之的是认认真真地问自己："我应该怎样解决这个问题，并达到我的目标。"

训练36：
***

不求完美但求尽最大的努力

生活中，有这样一群"完美主义者"——

他们严格锻炼、认真健身，对自己的身材和外貌有着近乎严苛的要求。不仅如此，他们在很多事情上都苛求完美，大到每一次重大抉择，小到生活中微不足道的细节，恨不得一切都要达到最好。完美主义者的痛苦之处在于：明知道这个世界的本质就是不完美的，还是试图拼命填补那一点缺憾。一方面追求极致的完美，一方面又为自己达不到这样的层次而煎熬。

越是达不到自己想要的完美程度，越是不断深入，本来可以很轻松解决的问题也变得复杂难缠起来，拖延也是情理之中的事情了。

其实你不必做一个完美主义者。"完美主义"本就是个无法达到的层次，追求完美的过程一方面不切实际，一方面会令人身心俱疲。比起想要成为一名"完美主义者"，你更应该成为一名"现实主义者"。

相对于完美主义者，"现实主义者"强调在遵从现实的基础上力争自己渴望的东西。"完美"代表着一个不切实际的结果，"现实"则对应着一个百分百丰富的过程。"完美"是遥不可及的，"现实"却是真实可触碰的。不求完美但求尽最大努力，这便是人生最好的状态。

关于这一点，可以延伸出以下几点人生哲学：

·不存在绝对的完美

衡量一件事物是否"完美"，是需要特定的标准的，而每个人心里的标准是不同的。"一千个人眼中有一千个哈姆雷特"，凡事皆有对立面，你觉得完美的事物别人未必觉得。这个世界不存在绝对的完美，一切都是对比产生的，比如贫穷与富有、疾病与健康、完美与缺憾，对立的事物相依而生，不存在单一存在的现象。

·人的欲望是无止境的

人的欲望向来是无止境的，身处穷困之中只想食能温饱、衣能敝寒，等到饮食起居安稳了，又渴望锦衣玉食、豪车接送，真的等到挥金如土之时又开始贪恋美色，渴望左手美人右手江山……欲望永远不能被满足，永远有想要的新鲜东西。"追求"是人类合理的权利，但若想填充这欲望的无底洞无疑是一种奢求。

·过程比结果更重要

"过程比结果更重要"，这句话并非在强调过程的重要性远大于结果，而是阐述了"过程"与"结果"之间的逻辑关系。我们说过程更重要，是因为过程直接决定着结果，所以把握好过程，便是最大程度上掌控了事情发展的动向，朝着最理想的结果迈去。

当然，这个过程中可能会出现一些不可控的元素，甚至打乱全局，不过这是无法避免的。一言以蔽之，按部就班的过程往往能最大概率获得你想要的结果。

· 真实比完美更有力量。

莱昂纳德在《颂歌》中写道："万物有裂痕，光从痕中生。"动人心魄的事物往往是那些看起来不甚完美的，比如女神维纳斯的雕像，经过多年雨水的冲刷已变得斑斑驳驳，尽管如此，断臂的维纳斯仍能让前来观摩的年轻人潸然泪下。这是真实的力量。

"完美"像是架在高高的楼上的一件宝物，当你未曾拥有时对它充满渴望，于是拼命攀爬、拼命去够，等到离它越来越近时又会发现，所谓的完美不过是一种永远无法达到的状态，像是天边的云，你借助再高的梯子也只能抚摸到一阵空荡荡的风罢了。

比起追求不切实际的完美，聪明人会把精力放在过程上，力求每一个阶段都能尽自己最大的努力，这些短暂的片刻拼接起来就组成了一幅广阔的人生画卷。"完美"永远是一个虚空的概念，你能把握的只有现实。

努力，在任何时候都不会是一个错误的选择，它是一种使出全力做事的状态，也是一种积极向上、不过分苛求的态度。努力的人生终究会水到渠成，这一路上所经历的坎坷和磨难都是在为将来的幸福埋下伏笔。放下对完美的执念，追求那种努力而充满希望的状态吧！

训练37：

敢于平凡让你更有"底气"

人的一生有三次成长，第一次是在婴儿时期，意识到自己并不是世界的中心。瑞士心理学家将这一过程称为"脱离自我中心"。第二次成长，是你意识到有些事情无论怎么努力都不会成功，你就会在失败面前释怀；第三次成长是你明知道有些事情不会成功，但还是会坚持去做，这是一份尽人事而听天命的坦然，更是一种明知山有虎偏向虎山行的勇气。

这三个成长过程虽然不尽相同，但都表达着同一个中心思想：人类生而平凡，而敢于承认自己的平凡，认识到自己的能力有限，恰恰是自知，是一种可贵的品质。

或许你会说，像爱因斯坦、霍金这样开辟人类历史新纪元的伟人，他们应该另当别论吗？答案是否定的。那些一生中做出巨大贡献的人往往不把自己看得太高，相反，他们会始终保持谦逊和求知的态度，在科学的道路上不断探索。

地球诞生至今已有50余亿年，在这漫长的时间轴里，物种繁衍、万物更迭。而浩瀚的宇宙更是令人遐想，在那广袤和漫无边际的空间里上演着怎样壮阔的故事，渺小的人类无法知晓。把人生区区数十载放到广阔的宇宙里，不过如同沧海一粟，瞬间消失的吉光片羽。

这样想来，我们每个人都是平凡的，尽管人们追逐金钱、名利，在人类的世界里上演着无穷无尽的竞争和角逐，为冲破阶层而努力，为坐拥财富而开心，不可否认的一点是：我们仍然是平凡的。

但在现实生活中，往往有许多人并不能认识到这一点，他们常常担心自己走在他人的注视下，每每及此就焦虑恐慌、无法把真实的自己展现出来。有时候过分用力反而弄巧成拙。

K就是这样一个人，他常常调侃自己："我有社交恐惧症，不敢在太多人面前演讲。"事实是，他不仅害怕演讲，就连日常生活中与人交往都战战兢兢。他总是努力地把自己"隐藏"起来，将自己在一群人中的存在感降到最低。他说："我害怕被别人关注，别人的目光总是让我很不舒服。"

人类社会以群居为显著特征，没有人能够脱离集体单独生存。所以，K难免要与同事、上司打交道。每次公司开会的时候，K都会提前30分钟到场，第一个入座，这倒不是因为他勤快，而是因为他害怕在众目睽睽之下走进会议室，更害怕同事们随心的一声招呼："你终于来了啊。"这会让他在接下来的整个会议时间如坐针毡。

K的问题在于，过分在意自己在别人心中的地位，亦没有认识到自身的平凡。他误以为所有人的目光都会聚集在自己身上，甚至把他人的随口一句玩笑当成嘲讽或奚落，赋予它们无中生有的意义，将自己的尴尬无限放大。其实，他真的有那么引人注意吗？并非如此。对于一场会议来说，大家更重视发言人的表现，对参会的人却不会过多留意。

太希望与众不同、太渴望完美无瑕，会让人畏畏缩缩、患得患失。相反，敢于承认自己的平凡不仅是一种谦逊的表现，更是一种前进的动力。承认自己是平凡的，平凡人都会有瑕疵、有不足，反而能让你放开手脚做事，不怕失败、不怕犯错。这才是承认平凡的力量。敢于"平凡"让你更有底气，在外人看不见的角落里默默耕耘，朝自己的目标迈进。

国外的一位伟人曾说过："经常有这样的情形：为科学和技术开辟新道路的，有时并非科学界的人物，而是与科学界不怎么沾边的人物，平凡的人物，实践家、工作革新者。"成功来自于日复一日的积累，那些划时代的伟大事物往往是在平凡之中诞生的，他们的创造者也是一群"平凡但充满野心"的人。

平凡不等于平庸。"平凡"更多指的是一个人的心态和他对自我的认知，是一种保守的、谦逊的生活态度。而"平庸"则更多地指向"庸碌"。平凡的人把每一件小事做好就不平凡，而平庸却是如影随形的，让人无法挣脱的糟糕的生活状态。希望你能成为一个平凡而不平庸的人，在平淡的日子里活成自己的耀眼星辰。希望你能坦然地走在众人的目光之中，不是如负千斤，而是轻轻松松。不要因为害怕平凡而错过了一路上的好风景，以一颗本真的心去洞察生活就会发现很多以前忽略的美好，那正是平凡之美。

星期六
Saturday

拆掉思维的壁垒

删除"我必须"的思维模式

　　N是一个经常给自己施加压力的人，他常常挂在嘴边的话是："我这次必须要拿下这个项目，过了这个村就没了这个店了。""我这个月的业绩必须拿到第一。""我必须……"每次这么说，看似决心满满，但只有N自己知道心里是背负着多么大的压力。

　　周末，好久不见的朋友约N出去吃饭。N在电话中对朋友说："要想周末和你出去玩，我必须要提前两天把所有任务完成，真的'压力山大'啊。"

　　听到N这么说，弄得朋友都不好意思了，连连说道："要是时间上不方便的话就下次约吧。"N刚想解释，朋友已经挂掉了电话，从此双方没有再联系。

　　朋友想着，好久没见的老同学了就抽时间见个面吧，这都要推辞。听他那说话的语气，要是任务没完成岂不是全怪在我身上？而N浑然不知朋友的气愤来自何方，反倒是觉得自己压力巨大却不被理解，显得非常委屈。

　　很多时候，阻碍我们的不是自身实力，而是思维。一个人的思维决定了他做事情的方式，要想拆掉思维的壁垒，第一步就是要删除"我必须"的思维模式，把"我必须"换成"我可以的""我能做到的"。

"我必须"带着几分强求的意味，明明内心是极不情愿做这件事的却还要硬着头皮做下去，关注点在于"不得已"上面。而"我可以的""我能做到的"则表现出对自己能力的自信。你有没有发现，有时候我们对一件事情的认知很受自己思维和心态的影响，这种影响的程度之大甚至超过了问题本身。

当你说"我必须"的时候，主体处于弱势的、被动的地位，像是在被外物逼迫着走。而当你说"我可以"的时候，则处于强势的、主动掌控局面的地位。这种"掌控感"可以让我们在处理很多事情的时候游刃有余。

再次回到前面的事例中。主人公N其实是很乐意和朋友一起出去的，但一贯的思维告诉他：你必须要完成一些硬性任务才能赴约，而完成任务的过程是痛苦的、疲惫的。倘若他换一个思维方式和表达方式，通话的内容就变成了："我会提前两天把工作任务完成的，到时候和你畅快淋漓地玩！"顿时，交流的氛围就变得轻松了，N也会对工作充满了征服欲，而不是恐惧与不得不面对的压抑。

当我们说"我必须"的时候，看似语气十分坚定，其实已经在心里快速作出了妥协，试图给自己宽裕的让步空间：真的必须要做吗？可不可以不做呢？或者，可不可以随意一点呢？

"我必须"表现出来的是一种不自信，而"我可以的""我能做到"则是一种自信满满的状态。当我们说"我可以"的时候，目标指向就十分明确，对自己解决问题的能力也充满了信心。

诗人但丁将自信的品质与宏大的人生联系在一起，他说："使我漂浮于人生的沼泽之中而不致陷污的，是我的自信。"而拿破仑说："人多不足以信赖，要生存只有靠自己。"也反映出其对自我的绝对信任。

拿破仑以亲身经历证实了这句话。凭着自信和实力，他建立了强大的法兰西第一帝国。自信的人总是能感染身边的人，作为法国历史上最出色的政治家和军事家，拿破仑也不例外。

有一天，一个士兵骑马给拿破仑送信，路途遥远，等到达目的地时马已经累倒了，拿破仑速度写了一封回信交给士兵，让他骑着自己的战马把回信送过去。

那个士兵看着装饰华贵的战马，料想其价值不菲，感到诚惶诚恐，他对拿破仑说："我是如此卑微的一个士兵，不配骑您这匹华贵的战马。"拿破仑连连摇头，告诉他："世上没有法兰西士兵配不上的战马和荣誉。"士兵听了这句话后深受鼓舞。

自信是一个人永恒的魅力，当你把口头禅由"我必须"改为"我可以"之后整个人都会变得自信起来。希望你能掌控你的人生而不是被生活推搡着往前走。

训练39：

认清自己的长板与短板

不知道你的身边有没有这样的人？明明不擅长一件事情却非要死磕到底，最后落得身心俱疲。他们通常看不到自己的优点，一边观望着别人的生活一边悲观感叹："唉，我什么时候能做到像他那样啊？"一转头仍然过着浑浑噩噩的生活，对于身边的事物都提不起来热情。

当别人问起来近况时，他们总是疲惫地抱怨："我啊，还是老样子呗，又没有什么特长也没什么竞争力！"这类人看不到自己的优势和长处，被一时平淡的生活冲掉了热情，于是日复一日得不到提升。

还有一种人，则是过分骄傲自大，很容易"飘"。他们大多在某些领域有不错的成就，便对自己的成就沾沾自喜，甚至完全忽视了自己的不足，一旦遇到一些瓶颈时就陷入困境。这类人是过分关注自己的优势而忽视了自己的不足与短板。

一个真正理性的人，对自己有清晰的认知，了解自己的长处和优势，也能正视自己的短板和劣势，不为前者而忘乎所以，也不为后者而自惭形秽。保持理性与清醒，把自己的优势发挥到最大化，同时尽量避免劣势带来的伤害。在学习和工作中，如果不懂得规避劣势，会造成很大的损失。

"水桶效应"传达的就是关于规避短板的理念：一个普通的水桶由很多块木板组成，它能盛多少水取决于最短的那根木板，估测这个水桶的容量时要看最短的那块木板，而不是最长的。在制造水桶的时候要想发挥其最大盛水潜力，就必须要保持所有木板长度相同，但凡有一根偏短的便会一泻而尽。

把"水桶效应"应用到工作和生活中同样成立。对于一个组织或者团体来说，要想实现效益最大化就要保证每个人在有限的时间、空间里发挥自己最大的潜力，如果有一个人掉队很有可能会导致整个团队工作中断，前功尽弃。对于个人来说也是如此，可以以参加考试为例，如果有一门严重偏科，即便其他科目发挥到极致可能也无法到达理想的水平。

"水桶效应"给我们的启发是：要想取得最大化成绩，必须要多方面均匀发展，不可有特别欠缺的漏洞。如果说"水桶效应"教会我们规避短处，那么另外一种思想则鼓励我们发扬长处。古往今来，但凡有所成就的人必然是在某些方面有所突出的人，他们很可能在其他事情上都很平庸，但唯独在某一个方面赶超其他人，才能取得惊艳众人的成就。

著名科学家法拉第被世人戏称为"文学白痴"，那些文学家们拿捏得当的文字在他看来简直是噩梦，但正是这样的法拉第发现了自己在理学上的天赋，他对于电力研究的热爱一发不可收拾，几乎全身心地投入到电力学研究中，将自己的长处发挥到极致。后来发现了电磁定理，建立了电磁学说，带领人类进入电气化世界的大门。

林肯当年在参与美国总统竞选时，因为没有强大的财力支撑而让他处于劣势，但他却毫不自卑。当有人问他有多少资产时，林肯不卑不亢地回答："我有一个妻子和三个儿子，他们是无价之宝。我还租了一个办公室，里面有椅子一把，书架一副，上面的每一本书都值得细细品读。我本人既穷又瘦，我实在没有什么可依靠的，唯一可以依靠的就是你们。"

林肯巧妙的回答让他避开了自己的劣势，同时又拉近了和中低层民众的距离，放大了自己的优势。林肯的睿智、有趣、领导力和他的口才都是他的长处，在他任职之后把这些长处充分应用到了工作中，带领美国走向更好的未来。

认清自己的长处和短处非常重要。当你学会发扬长处、规避短处，事业就能取得事半功倍的效果。相反，如果你总是跟自己的短板过不去，总是死磕自己不擅长的事情，甚至逞能接受那些自己并不擅长的工作任务，很有可能会事倍功半。

很多人会说：活了这么多年我仍然没有发现自己非常擅长的事情，这是不是证明我是个失败者？答案是否定的。我们的长板和短板有时候无法自动显示出来，需要我们主动去尝试跟发掘。

那么，如何认清自己的长处和短处呢？

·多多尝试新事物，开拓新领域

只有尽可能地尝试新鲜事物，你才能判断自己擅长不擅长，如果你总是固步自封、每天虚度光阴，很多机会就溜走了。接触新领域、与形形色色的人交流，在这个过程中你的视野会得到拓展，当你把自己的心胸打开了，世界便会给你更多可能性。

·采纳他人的合理意见和建议

"当局者迷旁观者清"，往往当你身陷一个问题百思不得其解时，他人却可以一语点醒你。我们对自身的认知通常存在偏差，他人却可以看得很清晰，优势和劣势、长处和短处，尽收眼底。所以，他人的建议有时会对我们产生莫大的帮助。当然，在耐心倾听他人建议的同时，也要保持可贵的理智。我们可以接受他人的意见，但不能丧失自己的判断。

人无完人，存在缺点和不足并不是什么丢人的事情。长板和短板就像化肥和杂草，在这片叫"人生"的麦田里共存，前者让我们变得更好，后者牵制着我们的成长，双方都是无法根除的。化肥让麦田更好地生长，少量的杂草是糟糕的环境因素，但是它锻炼了麦子挣扎生长、抵抗外因的能力。从现在开始，正视你自己吧！将长处发挥到最大，尽可能地规避短处。

训练40:

绷得太紧时让自己停下来

Q最近的状态很是糟心，整个人被工作和家庭两面夹击，既要忙着工作又要关心孩子在学校的表现。Q自以为已经很顾家了，妻子还常抱怨他是"工作狂"，眼里只有工作却没有家庭，这些偶尔的小摩擦常常能令他奔溃。

其实，妻子也没有说什么偏激的话，只不过那些偶尔的抱怨是"压死骆驼的最后一根稻草"，让本就紧绷着神经的Q感到抓狂，奔溃也是情理之中的事情。冷静下来的Q会发现，自己给自己的压力真的太大了。

业绩要争做最好的，与周围人的关系要保证天衣无缝。每天不是跟客户谈工作，就是奔波在见客户的路上。难得的周末不用来休息，而是用来陪妻子、孩子一起出去旅行、玩耍。旅途的疲惫从未听他抱怨、工作的压力也从不向家人朋友吐露，他力争在所有人心目中保持"正能量"的形象，不希望身边人被自己的沮丧感染。

终于有一天，Q因为过度疲劳住进了医院。他是一个优秀的员工、合格的丈夫、慈爱的爸爸，但唯独对不住自己。

人体不是机器，一个人的精力是有限的，禁不住毫无节制地消耗。机器尚且需要维护、清理，运转过度也会支撑不住，更何况是血肉之躯的普通人呢？不合理的工作强度会让人的神经一直紧绷着，而这种状态无疑是将一个人推向奔溃的最快途径。

这个时代，让人焦虑的元素太多了，社交媒体上种种关于同龄人优秀事迹的报道，关于房价、车价的消息一次次牵扯着人们的神经，铺天盖地的焦虑席卷而来，让人一不小心就被巨大的压力吞噬。于是，一边拼命前进，一边深夜失眠，成了很多现代人的常态。紧张焦虑—失眠—紧张焦虑，在工作中消耗的体力非但没有在睡眠中恢复，还陷入了恶性循环。

崩的太紧时不妨让自己停下来。这里的"停下来"不是指完全停滞不前，而是休息和放松。停下来是为了更好地出发。在热销励志书籍《这个世界不欠你》中这样阐释"暂停"的意义："停下来是为了思考前进的意义和方向，而不是为了呆立原地，时间无涯的残酷在于，它不等任何人。"停下来是为了放松身心、休养生息、聚集能量，然后拍拍身上的灰尘，继续赶路。

"停下来"包括两方面的"暂停"：

·身体上的休息

工作实质上是将脑力或者体力转化为抽象成果或者实物的过程，这个转化的过程消耗了我们大量的体力。在一段时间的高强度工作之后，人体必须要得到充足的睡眠和休息。

"停下来"最直接的体现就是身体上停下来，规律作息，饮食均衡，日常多食用水果和蔬菜，多去户外呼吸新鲜空气，跟街坊邻居热情地打招呼，等等。

·心理上的缓冲

人脑对疲惫的感知力是很敏锐的。"停下来"不仅身体上要得到充分的休息，心理上也要放松。短暂性地抛开工作的烦恼、生活的琐碎，让这段时光专属于你自己。在洒满阳光的青草地上睡个午觉，在波光粼粼的湖边散心，为疲惫的内心注入新鲜空气。

从前人们鼓励勤奋，标榜拼命努力，但现在已经很少有人盲目对一件事投入大量精力了。越来越多的人意识到，一味地拼命前行并不能走太久，往往会因为体力不支或耐心耗尽而半途而废。适时的休息能让头脑更灵活、做事情更具热情，又何乐而不为呢？

之前关于"为什么男人通常在下班后在车上独自待一会才进家门"的问题，引起了热烈讨论，其中有一个回答道出了人们的心声：因为在公司的时候他是员工，在家里的时候他是父亲和儿子，在职场上他是拼命进取的新人……一天穿插着无数个片刻，但这些片刻他们都担任着不同的角色，只有独自待在车上的那几分钟才能成为自己。

在车上短暂的几分钟放松时间，又何尝不是一种"停下来"呢？

停下来，还能看到很多平时忽略掉的风景。从前你心里的目的地只有公司，脚步放缓、停下来之后你能看到身边更多美好的风景了，或许是路边的野花，或许是邻里和善的微笑，或许是家人一句细心的叮咛。是这些微小而美好的事物让你变成一个更加温柔的人，而不是没有思想的工作机器。

停下来是为了思考未来的方向。事物是一个动态变化的过程，我们的目标和实施方案也应当随机应变，一个劲地往前冲并不可取。停下来，分析当下的形势，洞察容易被忽视的细节，回顾过往的道路，在这个过程中你会得到启迪，从而明确接下来的方向。

训练41：

别担心达不到完美的结果

　　莉莉这两天一直处于焦虑之中，因为公司最近要安排她见一位重要客户，虽说莉莉已经工作好几年了，但还是第一次被委以如此重任，她很怕搞砸了会对公司造成不良影响。莉莉理想中的自己是要表现得特别完美的，最好能给客户留下亲切又能干的青年人的印象。

　　如果不小心说错话就糟糕了，莉莉心想，她对自己说："我一定要好好表现，可不能说错一句话，不能一言不发，也不能一开口就暴露自己的无知，看来约见大客户还是个技术活啊！"越是这么想，心里越紧张，莉莉已经连续失眠好几天了。

　　主修心理学的朋友觉察到了莉莉的担忧，他耐心地开导她："不要总是担心达不到完美的结果，以你的社交能力肯定不会差到哪去的。这么说吧，以你的能力和经验，就算对方再难缠也不至于让公司蒙受损失的。""真的吗？"莉莉半信半疑。朋友一再地肯定，莉莉这颗悬着的心才逐渐安定下来。

　　从小到大，我们就被告知产品有"不合格、合格、良好、优质"之分，这种区分和评判的标准不知不觉被我们代入到生活中的各种情境：学业成绩有优劣之分，工作表现有优劣之分……处处充斥着衡量与比较。大多数时候是努努力就可以达到"合格"或者"良好"的水平，但还是有很多人前赴后继去奔向那个"优质"，甚至比优质更圆满的"完美"。

追求上进是人类在数万年的自然进化中养成的属性。但这种对于"完美"的迫切需求常常压得人们喘不过气来。无数的消极情绪：焦虑、担心……纷杳而至。每个人心中都对自己正在做的事情有一个"完美的期许"，希望一切如愿以偿，达到最好的状态。但是，这种担心反而会削弱我们的行动力、分散掉注意力。

100分固然完美，可是80分也很棒了啊。别担心达不到完美的结果，集中精力做好过程就可以了，这是一种坦然。

"得知坦然，失之淡然，争其必然，顺其自然"是人生的四大境界。能做到这"四然"的人，往往活得超脱而轻松。事上不如意之事十有八九，若是事事都苛求圆满，苛求一个完美的结局，显然是不切实际的。之所以强调别担心达不到完美的结果，具体原因有以下三点：

·这种担心是无效担心

"担心"是世界上最无效的情绪之一，当事人却总是深陷其中不能自拔。消极情绪的两大坏处一个是啃噬人心，让内心备受煎熬，另一个是浪费时间。悲观主义者会把大量时间浪费在担心、焦虑上，问题却得不到实实在在的解决，等到辛辛苦苦从消极情绪中挣脱出来时早已被身边人甩下了一大截。

·100分纵然完美，80分也可以

如果说100分意味着满分，意味着杰出和完美，那80分就意味着优质。人们终其一生追逐那个叫"100分"的东西，真的有意义吗？还是说只是为了填补内心无穷尽的欲望呢？100分固然是极好的，80分也不差。如果说追逐100分的过程中要牺牲一些远比回报来的多得多的东西，那放弃也罢。

·苛求完美会给人带来巨大压力

如果总是担心得不到一个完美的结果，你就无法把注意力集中在眼前的事情上。你会时不时地畅想一下未来，甚至会脑补出一幅"把事情做到完美，然后鲜花和荣誉扑面而来"的情景。很大程度上这个场景是不会发生的，因为有限的精力被你分割开来，一边做事情一边想结果，无疑是一种巨大的消耗。

不苛求完美并不是呼吁大家懒散随性，只是一种心态上的淡然：我既然把过程做好了，又何必担心结果呢？无尽的消极情绪，受煎熬的只会是自己。这种淡然有别于混吃等死，有别于当下流行的"佛系"。相反，它源自于内心深处的自信，一个能把过程稳稳抓在手中的人，又何必担心结果呢？不论它完美与否，我真的尽力了，这就是对自己最好的解释。

訓練42:

没有尝试之前别给自己设限

　　"我一个二本院校的学生怎么可能考得上985大学的研究生啊!"大三了，身边的同学都陆陆续续开始准备考研，J也斗志满满地买了一堆复习资料。当父母问起他的理想院校是不是同城的那所985时，J慌忙否认。

　　E最近刚进了心仪的公司，经过了前两次的跳槽他自认为这次找到了最好的"归宿"，打算趁着年轻多拼几年。可是当领导交给他一份任务，让他对产品的全国市场进行调研时，他感到为难了，他想:"我的人脉关系，我的力所能及处，也绝没有全国这么大范围啊。"

　　事实上，相当一部分调研可以通过网络调研的方式进行，也可以联系当地政府或媒体合作，但依照E的思维习惯，第一时间是否定自己，没有尝试之前就给自己设了限。

　　最能够毁灭一个人的不是外在的否定和嘲讽，而是连自己都不相信自己，连自己都看不起自己。自我设限的人生活得非常憋屈，给自己设的限制就像是矮矮的天花板，一边向上前进，一边却隐隐地害怕触及。其实，天花板之外还有广阔的世界，自我设限的人永远看不到。

还没尝试就给自己设限的人一般是出于什么心理呢？

·自卑，认为自己不配得到更好的东西

这种自卑可能与原生家庭有关，也有可能与后天经历有关。表现出来的特征是：认为自己不配得到更好的东西或者获得特别大的成功，比起那些野心勃勃的想法和欲望，自卑的人更有可能制定渺小易得的目标，不敢挑战更复杂、新鲜的东西。

一贯的自卑心理会让他们觉得："以我的能力，怎么可能达到那样高的水平啊。"殊不知，甩开自卑的包袱，才能更潇洒恣意地生活，把自己的潜力发挥出来。

·过度重视外在因素的重要性

"我家境不好，怎么跟那些富二代竞争啊。"

"他的人脉关系那么广，我哪敢设定像他那么高的目标啊。"

……

很多人会把这些话挂在嘴边，即便有些人碍于尊严不说出口，也会在心里有着这样根深蒂固的思想：我先天条件不如别人，所以我的人生注定要比别人差一点。潜意识中把自己摆放在了"次品"那一栏。

外在因素固然在人的一生中扮演着重要角色，但这决不能成为一个人妥协、堕落、自我设限的借口。冲破原始阶层走向人生巅峰的人大有人在，睿智的人会把注意力放在自己身上，那些既定的、外在的因素既然是无法改变的，就从自身找突破口。而不是一边抱

怨命运的不公，一边把自己的人生囚禁在一方窄窄的牢笼里，触手可及的是四面封锁的栏杆。这样的人生味同嚼蜡。

不设限的人生有多爽呢？

力克·胡哲在他的《人生不设限》一书中提到自己早年的悲观想法，说道："错的不是我的身体，而是我对自己的人生设限，因而限制了我的视野，看不到生命的种种可能。"

力克·胡哲比大多数人的遭遇都要不幸。命运仿佛跟他开了一个巨大的玩笑：自打从襁褓中出生的那一天起，他就没有双手双脚。"医学上无法给出任何解释，我一出生就这样"力克·胡哲向别人说起这一切时总是面带微笑，仿佛艰难的人生对他没有造成一点伤害。

他也曾痛苦彷徨过，也曾自暴自弃过，最痛苦的时候甚至想过自杀，但他最终选择了笑对生活。没有四肢就不能成就自己的事业了吗？天生残疾就不能实现自己的人生价值了吗？力克·胡哲偏不相信，他必须要尝试一次，用力和命运作出抗争。他不断尝试那些以前想都不敢想的事情：写作、游泳、打高尔夫球、作环游世界的演讲……努力在有限的人生里不断突破他人眼中的极限。

后来的力克·胡哲，就是我们现在看到的这样子，永远面带微笑，永远积极向上。他说："最大的痛苦不是身体残疾，而是给自己设了限，过那种没有盼望的人生。"

每个人都是带着无尽的可能来到这个世上的，何况现代社会充满着各种各样的机遇，你永远不知道下一刻会发生什么，越来越多的普通人搭着时代的浪潮，让自我价值得到实现。出身、天资……这些你曾视为阻碍的因素没准也会成为推动你前行的重要力量。这是一个充满可能性的社会，这是一个平凡人有机会实现伟大的社会。

大胆地说出你内心的渴望吧，不要压抑，更不要给自己的人生设限，你的人生应当是广阔的。大胆尝试和追求那些你以前不敢奢求的事物吧，毕竟你还年轻，有无穷多的可能性。

训练43：

努力跳出熟悉的心理舒适区

　　百度百科对"心理舒适区"给出了最恰当的阐释：心理舒适区，指人们习惯的一些心理模式，是你感到熟悉、驾轻就熟时的状态，如果人们的行为超出了这些模式，就会感到不安全、焦虑、甚至恐惧。

　　"心理舒适区"的概念渗透在我们生活中的方方面面：害怕结交新朋友，宁愿自己一个人孤孤单单也不愿主动跟别人搭话；不适应新的工作环境，宁愿做从前那种枯燥乏味的流水线工作也不敢主动融入新的工作环境；不愿奋斗，宁愿一直堕落着也不愿意付出努力，因为极度害怕失败……在那些令人"不舒服"的事情面前，大多数人是被动的、回避的。

　　跳出心理舒适区，从某种程度上来说，就是要主动面对这些问题，主动接触那些让自己"不舒服"的事物：害怕社交就努力保持微笑、积极参与到大家的话题之中；害怕新环境就深入了解它，直到适应它；害怕失败就勇敢去做，鼓起勇气面对失败带来的直接结果……当然，这个过程中我们会感到"不舒服"甚至很痛苦，但还是要坚持下去。

或许有人会问：既然我待在舒适区那么舒服，为什么还要想尽办法逃离呢？人终其一生不就是要做自己喜欢的事情吗？

为什么要努力跳出熟悉的心理舒适区呢？主要原因有这两点：

·那些看似"舒适"的状态，往往只是表象

不愿结交新朋友的人，一方面感受着这种独处的、比较舒服的感觉，一方面要忍受孤独和寂寞的侵袭；不愿主动与客户沟通，游离在狭隘的社交圈的人，一方面觉得踏实又安心，一方面为本月的业绩发愁；整天贪图享受的人，一方面以窝在沙发里看剧喝茶为乐，一方面要为亮起红灯的学业惆怅……那些看似"舒适"的状态，往往只是表象，伴随而来的还有不断的自我谴责，舒适区里短暂的安逸是经不起现实的推敲的。

·一时的舒适并不能代表会一直舒适

贪图安逸一时爽，但你无法一直生活在安逸之中。生活总是充满变数的，你不能料到下一刻会有什么样的事情发生，与之相匹配的是需要什么样的抵抗风险的能力。所以，及时跳出舒适区，有意识地训练自己在某些方面的能力就显得非常重要，这样当危机来临之时才不会手忙脚乱。

心理舒适区就像一块小天地，处在舒适区的人沉浸在自己的小世界中，看不到外界的风起云涌。这个小天地的架构是极为脆弱的，被现实的压力轻轻碰撞就会破碎。只有当你努力跳出心理舒适区，勇敢面对新事物，与你曾害怕的那些东西握手言和，才会看到一个更加广阔、更加精彩的世界。

　　有时候，走出现有的舒适区是为了寻求更大的舒适区。试想，当你努力打破自己的心结，能适应那些从前恐惧的、害怕的事情，你可接受的心理区域在不断增大，这便是一个"心理舒适区"逐步扩大的过程，个体会在这个过程中变得愈加强大。

　　下一次，当你对某件事情第一时间的想法是回避的时候，不妨给自己一刻钟的冷静时间，继而思考如何迈出这第一步，走出当前的心理舒适区，去拥抱那个更广阔的世界！

訓练44：

防止过分内疚消耗你的精力

很多人对拖延存在误解，把拖延等同于懒。其实并不是这样。

拖延和懒的本质区别就在于二者产生的心理体验："懒"是心安理得地不做事，迷恋衣来伸手饭来张口的轻松生活；"拖延"却伴随着各种各样的复杂心绪，焦虑、恐慌、自责……拖延的人遭受着双重折磨，一边是任务期限的逼近，一边是由于拖拉产生的巨大内疚感。

这是R这个月以来第三次彻底崩溃了。

他几乎把所有的任务都堆积到了月末，R在外人面前仍然保持着稳重、冷静的形象，内心已经无数次痛骂自己是废物了。他觉得自己就是最大的失败者，甚至有很多次他偷偷在微博上面写："我这样的人就是世界的垃圾，我根本就不配活在这个世上。"

原本只是拖延了工作任务而已，R却如临大敌一般，掉进了情绪的深渊，对自我的不满意、过分的内疚一直折磨着他，这种痛苦更甚于一切肉体的责罚。这种过分内疚消耗了R大量的时间和精力，变相地让他更加拖拉了。拖延的恶习像是口香糖黏在他身上，怎么甩都甩不掉。

拖延最可怕的地方不是任务完成率的降低和工作质量下降，拖延最可怕的地方在于让人产生内疚心理，这种对自我的谴责和厌恶才是最难熬的，当一个人开始讨厌自己，就算旁人给再多的肯定都没有用。

设想现在你面前有一条河，不知道河水深浅，你需要到河对岸去。此时，刚好经过一只船可以载你，你一定会欣喜若狂地乘船渡河。可是，如果现在没有一切可以渡你过河的工具，要想过河只能趟着河水过去，你还有那个胆量过河吗？

大多数人会犹疑、徘徊、一拖再拖。但是，倘若这时候身后的追兵已经追上来了，再不过河就只能坐以待毙，你就会毫不犹豫地卷起裤腿下水。因为，眼前的路只有这一条，除此之外没有任何逃生的办法了。

对于拖延症患者来说也是如此。人们迟迟不敢开始做一件事情，多半是因为恐惧，担心达不到自己想要的结果，担心失败后会造成巨大的损失甚至无法挽回的局面，于是小心翼翼、一拖再拖。其实这是大部分人的心理，所以没什么羞于启齿的，也不需要太过内疚，拖延只是说明你有一点胆小罢了，并不能代表失败。

过分的自我内疚会造成精力的无谓损耗，当你把注意点和情绪全都放在自我内疚上，就疏忽了问题本身。人的精力是有限的，我们要珍惜有限的精力、把它们尽可能地投入到工作中，产生最大化效益。

我们从小到大所受的教育都是叫我们变得更加强大，以抵抗外来的打压和势力，但却很少有人提醒我们关注自己的内心。要想摧毁一个人，最快的方法不是从外在强行摧毁他，而是要让他从骨子里认为自己是糟糕的、差劲的。

我们知道，试图用手把生鸡蛋握碎是一件很难的事情，但如果是幼鸡主动破壳而出，蛋壳便会在一瞬间四分五裂。内在的力量是强大的，无论是正面的还是负面的。

当你明白这一点之后，就会知道内疚非但是无用的，还会对人造成负面影响，小到浪费时间、消解行动力，大到摧毁一个人的人生。

告别内疚吧，你本来就很好，无须在意他人的眼光，拖延虽然是不好的习惯，但只要你愿意按部就班地按照本书的训练计划做出改变，一定会发生转机。

用自律换得自由

训练45：

用延迟满足击退拖延的念头

前阵子有个很火的问题："为什么有些人宁愿吃生活的苦，也不愿意吃学习的苦？"

人们给出了形形色色的答案，其中有一个答案得到了大家的一致认可："因为学习的苦是眼前的，而生活的苦是以后的。"

年少时不愿勤奋苦读，及至中年得不到好的职业发展，就要受到生活窘困之苦。相反，如果年少时能够抵制诱惑，抛却安逸，刻苦读书，到而立之年就更有可能得到理想的生活。

其实，这里面隐藏着一个"延迟满足"的概念。所谓延迟满足，是指一种甘愿为更有价值的长远结果而放弃即时满足的抉择取向，以及在等待期待中展现的自我控制力。

直白地说，就是如果你能忍得住一时的欲望，就可以获得长远的利益。听起来很轻松，很大一部分人却很难做到。他们往往贪恋眼前的小利益，急不可耐地想要抓到手中，却不顾长远发展。延迟满足不是让你放弃幸福只要痛苦，而是鼓励你用当下的一点点小牺牲换取未来的巨大回馈，这么好的事情，又何乐而不为呢？

关于"延迟满足"，美国斯坦福大学曾作过一项知名的研究。

总共有十几名孩子参与这个实验，他们年纪相仿，来自不同的家庭和阶层。研究人员把孩子们分别安排在独立的小房间里，房间里有一张桌子、一个凳子和一朵棉花糖。孩子们被告知，可以吃掉这朵棉花糖，但如果能忍住不吃，等到研究人员回来时就可以再得到一朵棉花糖作为奖励。

实验过程中，孩子们展现出了各种各样的状态，无一例外地感到煎熬。有的孩子为了不吃棉花糖于是背过身去，或者干脆闭上了眼。还有的孩子表现出焦急、烦躁的状态，甚至踢凳子、拿手打棉花糖。实验的最后，只有1/3的孩子坚持下来了，从实验开始到研究人员出现，中间长达15分钟。

这个实验反映出了不同孩子在面对同样一个抉择时，有的人能够做到"延迟满足"，有的人则很快忍不住。显然，前者可以获得更多利益。

"延迟满足"的规律在工作或学习中同样成立。当你想要拖延的时候，不如用"延迟满足"的思想来打败这个念头。是的，想要立刻执行任务不耽搁、不拖延对于很多人来说太难了，毕竟大千世界吸引人的东西那么多，琳琅满目的商品、花花绿绿的物件，甚至互联网上的各种信息，都能把你的注意力成功吸引过去。这时候不妨在心中拟出两种结果：

· **选择做重要且紧急的事情会有什么结果**

选择做重要且紧急的事情，意味着你放弃了暂时的娱乐和安逸，但却能在之后的日子里获得更宝贵的东西，或许是直接的利益，或许是机遇。这就是"延迟满足"。

·选择做短暂又吸引人的事情会有什么结果

获得一时的快感，多巴胺的效应来得快也去得快，等到快乐散去，内心里只剩下一堆虚无，这样的状态是很多人恐慌的。片刻的满足感十分易逝，当你回过神来就会发现，既没有了快乐的感觉，还给自己留了一堆待完成的任务。

当你面临周遭事物的诱惑，想要把重要的事情搁置时，请你务必头脑清醒一点。想一下"延迟满足"的好处，做一个宏观全局的人，而不是为了眼前的那点轻飘飘的快乐乱了阵脚。

训练46:

给自己设置一个合理的期望值

每个人都有自己的道路要走，在追求实现目标的路上大多数人都是踽踽独行的个体，那么，当身边没有其他人做参照物的时候，我们该如何判断自己的能力和水平呢？

答案就是：设置期望值。要知道，做事情最忌讳的就是漫无目的地瞎做，如果对要完成的事情心中没有期待，随便做到什么程度都可以的话，那是不是不做也可以呢？如果给自己设置一个合理的期望值，情况就不同了，它有助于我们更好地实现目标。

设置一个合理的期望值，然后向它一步步迈进，当有了一个具体的数值或者目标层级做参考的时候，每一步前进或者退步都能看得清清楚楚，有助于及时调整偏颇的步伐；逐步向预先设定的那个期望值靠近时，心里会感到越来越满足，这种满足感可以帮我们树立自信心。

那么，"合理"的期望值要具备哪些要素呢？

·基于现实

一切脱离实际的理论都是空谈，在设定期望值的时候也要基于现实。你不能要求一个长期处于班级倒数的学生，突然在高考来临的最后三天里疯狂复习，然后考到全国第一；你也不能要求几个建筑工人，在一周内建出一座高楼。这些不切实际的念头不是"期望值"，而是漫无边际的臆想，可能出现在童话故事里，但绝对不可能出现在现实生活中。

· 比自己的实际水平稍高一点

哲人说："向着月亮进发，即便失败，也会置身群星之中。"

轻轻松松就能够得到的东西不能算什么宝藏。当我们设置"期望值"的时候，理应比我们自身的实际情况要高一点，这样才具有一定的挑战性，才符合"期望"这个词的本意。正如哲人拿星星和月亮打比方，当我们的目标是伸手摘月时，一点点向着月亮进发，即便最后摘不到月亮，也会置身群星之中了。

把期望值定得稍高一些，向它靠近的过程就也是我们逐渐变好的过程，即便你最后达不到期望值的水平，结果也不会太差。当然了，这里"稍高一点的期望值"要区别于前面提到的"脱离现实的幻想"。

· 设置你独特的期望值

设置你独特的期望值，言外之意就是不从众、不跟风。前面说到，每个人的人生道路都是各不相同的，即便是住在同一个屋檐下的舍友也会有不同的人生规划，而"期望值"所涵盖的内容包括方方面面，可以是你今后想从事的职业，也可以是你近期想达到的月收入。总之，每个人的人生都是不可复制的，所以在设置期望值的时候也应该根据实际情况调整。

你有目标吗？你希望达到什么样的"期待值"呢？不论是对工作还是对生活，都希望你能给自己提前设立一个预期分数，然后努力达到相应的水平，实现自我的人生价值。这一路也许风雨兼程，但请你始终保持可贵的清醒，不要美化过程，不要自怨自艾，一切以客观现实为基础，希望你能成为那个"手可摘星辰"的人。

训练47：

利用擅长的事慢慢建立自信

　　世界著名大文豪萧伯纳在谈及自信这个话题时说道："有信心的人，可以化渺小为伟大，化平庸为神奇。"

　　一个自信的人总是散发着一种独特的魅力，让人想要忍不住亲近，为他们自然流露出的自信和从容感到惊叹。自信的人走到哪里都受欢迎，他们仿佛能得心应手地处理任何事情。自信的人与不自信的人展现出来的精神状态是不同的，特别是在一些公共场合，前者大大方方，后者扭扭捏捏。

　　没有人不想成为一个自信的人。那么，怎样建立自信呢？有一个行之有效的办法是：利用擅长的事情慢慢建立自信。具体来说，可以分为这样两个步骤：

·找到你擅长的事情

　　有些人在某方面的天赋是在很小的时候就表露出来的，也有一些是后天自己发掘的。比如，有的人小时候家境窘迫，学不起钢琴之类的乐器，也未曾接触过。可当他长大之后，一次偶尔的机会尝试按下钢琴的黑白键，就有一种天然的熟悉感，于是他开始自学钢琴，在很短的时间内，就学会了别人要耗费好几个月甚至一年才能掌握的东西。这就是隐藏在个体内的天赋。很多人会抱怨自己没有擅长的事情，其实是他还没有发现罢了。只有接触的领域多了，尝试的东西多了，才能恰好与自己热爱的事情相逢。

·把擅长的事情做到极致

光是找到自己擅长的事情还不够，如果不加以刻意练习，你擅长的事情就永远只能停留在"擅长"这个层面，而不是精通。擅长或许会让人赞叹，但精通才最具有说服力。所以，往你擅长的事物上面倾注努力吧，把擅长的事情做到极致，便能形成你的独家竞争力。

·把擅长的事情和事业相结合

如果能把擅长的事情和自己的本职工作相结合，一定会碰撞出动人的火花。比如，你擅长辩论，那么把辩论的思维带到销售工作中，就可以更好地与客户沟通。再比如，你擅长写作，把构建文字的能力带到写新闻稿、年终报告中去，也会产生意想不到的结果。

当你在擅长的领域越做越好，身边人都会投来赞许的目光，还会有晚辈主动找你寻求经验……这些都是对你最好的肯定，是它们让你变得更加自信。当你把擅长的事情做得非常好了，就意味着你在特定的区域有较强的竞争力，也就意味着你在垂直领域会有很多选择。有实力的人从来不愁没有选择。而拥有"选择权"，把命运牢靠地掌握在自己手中，无疑是一个人自信的最直接来源。

威尔逊的一句话启发了很多人："要有信心，然后全力以赴——假如具有这种观念，任何事情十有八九都能成功。"

　　信心与努力总是相辅相成的，充满信心的人会坚信自己的努力有意义，努力的人会感到踏实和安心，由此衍生出对自我的深层自信。从现在开始，全力以赴做你擅长的事情吧，争取把"擅长"变成"精通"，下一个垂直领域内的精英很有可能就是你。

训练48：

把自己想象成不拖延的人

笔者关于年幼时走夜路的记忆十分清晰，不算太远的距离总是令人胆战心惊。脑海里不断回放着恐怖电影中的种种场景，为了让自己摆脱哪怕片刻的恐惧，于是设想自己是英雄电影里的主角，还未出场时妖魔都已闻风丧胆。这么想着，心里的恐惧果真减少了。夜路便不止有寂静，还有头顶的星空和清凉的夜风。

"把自己想象成某一类人"是一种心理暗示，人脑会下意识地传达相应的属性信息，比如：斩妖除魔的孙大圣是不怕鬼的、好看的女孩子是抬头挺胸的、勤奋的人此时此刻应该在坚持学习……同样，当你把自己想象成一个不拖延的人，脑海中就会自动映射出"不拖延的人"的具体形象和特征，比如：他们总是会把最重要、最紧急的事情放在最先做，他们会抵制周围环境的诱惑专心做自己的事情，他们懂得"延迟满足"的重要性。

"把自己想象成一个不拖延的人"不仅仅是在脑海里空想而已，还要具体想想"不拖延的人"他们的日常生活是怎样的，他们在面对和你同样的浮躁、倦怠的状态时会怎么做，他们在专心致志地工作时突然被其他事情打断会怎么处理。

　　X之前每天的生活轨迹是这样的：每天懒洋洋地从床上爬起来，宁愿在床上多消磨十分钟也不愿下楼买个早饭，然后慢吞吞地穿好衣服、洗漱，乘地铁去上班。

　　她在正式开始工作之前势必要刷一会儿手机，确保微信、QQ等社交软件上所有的小红点都消除了才恋恋不舍地放下手机，工作时也是三心二意，能拖到第二天的事儿就绝不在当天做。看上去X生活得十分安逸，但她内心却是极度煎熬的，现代人总是默不作声地吞咽一个人的崩溃，她非常迫切地想要改变现状，奈何不知道从何入手。

　　Y是办公室新来的同事，他的到来无疑让X"大开眼界"：原来世界上真的有这样自律、干脆利落不拖延的人啊！Y在工作时从不碰手机，打呵欠、偷懒什么的更是从来没有的事儿。X打心眼儿里佩服Y，并将他视作标杆。

　　此后，每当X冒出什么偷懒、拖延之类的"歪心思"，第一个想到的人便是Y，想着同样的情境下Y会怎么做，然后及时扼杀掉自己预备拖延的"罪恶"念头。

　　想象成为某一类人并不是号召简单的模仿，而是将对方"优秀的、值得学习的一面提取出来"，取其精华、去其糟粕、化为己用。古人说的"见贤思齐"正是此理。

训练49：

懈怠时开启自我激励模式

引领一个人走向成功的因素有很多，其中最重要的一点是：内在驱动力。

内在驱动力是一种强大的力量，是发自人内心的渴望，是即使在没有外物支撑下也能自然爆发的一种力量。拥有强大的内在驱动力的人能够顽强抵抗外在的压力，在困境中也能自救。

如果说目标是外界的吸引力，内心的驱动力就是内在的推力，两者结合，让我们义无反顾地向目标奔去。而内在驱动力逐步丧失的过程就是个人逐渐变得懈怠的过程。当我们松懈时，他人的言语往往只能起到提点作用，要从根本上解决问题还是得靠自己。

那么，懈怠时如何开启自我激励模式呢？以下提供了几点建议：

· **强迫自己回想一遍最初的目标**

诗人纪伯伦警醒世人："不要因为走得太久，就忘记了当初为什么出发。"遗忘是人类的天性，甚至会忘记自己最初的目标跟理想，懈怠便是情理之中的事情了，这时候便要时不时地回想一遍最初的目标。

· **看激励人心的影片、听励志音乐**

影片、音乐可以给人最直接的感官刺激，也是励志效果最强的。文字也是如此，曾有一本名叫《破茧成蝶》的高考杂志风靡一时，里面的内容都是充满励志色彩的高考故事，激励了很多考生，看激励人心的影片、书籍，听励志的音乐，这些看起来"老套"的方法恰恰是最行之有效的。

·对自己说：再坚持一会儿

坚持不下去的时候，不妨与自己进行对话，把那些浅显易懂却又容易被遗忘的道理说给自己听。要想获得成功就是要付出一些代价的啊，如果你觉得难、怕吃苦，那就放弃吧，但你如果放弃了就不要抱怨、不要后悔。没有人想让自己可控的人生阶段留下遗憾，所以当你坚持不下去的时候，告诉自己再坚持一小会儿吧。

·主动向优秀的人看齐

主动向优秀的人看齐也是一种自我激励。我们身边有很多既有天分同时又很努力的人，这些人永远走在潮流的最前沿，引领着潮水的方向。从他们身上我们可以学到很多优秀的品质并化为己用。

人的天性就是趋利避害、趋乐避苦，所以即便是再努力、再拼命的人也会有忍不住想要懈怠的时候，人与人的差别就体现在这种时候，有人会及时调整状态，有人则会破罐子破摔。

有人会说："世界本就是不公平的，每个人的天赋各不相同，我们拼尽一生才能达到的上限也许是别人瞧不上的下限。"话说回来，如果不努力的话，我们可能连自己的上限都无法达到。为什么一定要跟别人比呢？最佳的攀比对象应该是自己，看着自己一点点进步，也是一种莫大的喜悦。

训练50:

借助奖惩措施改变行为模式

Z是一家知名服装品牌的设计师，常常为想一个设计而绞尽脑汁，朋友印象中的她，永远是面对着一堆图纸和空空如也的电脑屏幕，满脸的迷茫。这种状态持续了很久，Z自己也感到了自己无精打采的时间过长，颓废、灵感枯竭，似乎总没有个尽头，于是想办法扭转自己的行为模式。

从前的Z，把工作和生活分得清清楚楚，工作时间就100%全身心投入工作中。Z是个极度自律的人，甚至不允许自己在工作时间内有关于工作之外事情的任何想法，这样近乎苛刻的要求反而造成了精神压力，设计灵感总是突然乍现的，而不是持续不断涌出来的。可以说，Z的工作具有天然的"不连续性"。

Z决定改变自己的行为模式，从奖惩措施入手。每次想出一个新颖的设计她都会在第一时间记录下来，一阵头脑风暴之后她会给自己一段放松的时间。在这段时间里，她可以去网上买一支心仪的口红，或者淘一件想要了很久的衣服。接收过这些"奖励"之后，Z的心中感到十分满意，仿佛有一种"用自己的努力换取想要的事物"的满足感和自豪感。

当她在工作中分心、玩手机，或者有其他不恰当的行为，她就会给予自己一定程度上的"惩罚"，比如今天不可以喝奶茶、不允许吃甜点。这些被作为惩罚的行为方式，恰是日常生活中那些有害无利、却让人产生依赖的事物。可谓是一举两得。

利用奖惩措施改变行为模式的核心就在于：在无外界压力的情况下，提高自己的主观能动性，并且产生一种"控制感"。你将得到奖励还是受到惩罚，决定权是握在自己手中的。这种感觉会催促着你前进。

那么，在设置奖惩措施时，要注意哪些问题呢？

·作为"奖励"和"惩罚"的事物要精挑细选

那些作为奖励的事物，应当是你发自内心喜欢的，位于寻常生活之外的东西。比如，你可以以"一顿大餐"作为奖励，却不适合拿"吃顿午饭"作奖励。你可以奖励自己一支口红、一双心仪的鞋子，而不是"一杯白开水""睡个午觉"这样唾手可得的寻常事物。

但寻常事物有时候也是可贵的，比如对于常年线上工作的人来说，断网半小时就是最好的奖励；对于那些日常熬夜想策划的人来说，能够早睡一次就是莫大的开心了。

那些作为惩罚的事物，应当是你感性上渴望但理智上应该拒绝的事物。

上述案例中的Z就是一个很好的典范，她日常喜欢喝奶茶、吃很多的甜点，但她知道这样对自己的身体是不好的，于是她把"拒绝这类事物"作为"惩罚"自己的方法。

·不要为了"拿到奖励"而工作

设置奖惩机制最终目的是服务于工作，奖励或者惩罚本身并不是重点。如果单单是为了满足自身的欲望，我们随时都可以去做那些本来留作奖励的事情。所以，不要为了"拿到奖励"而工作，为了工作本身而工作，把自己沉潜进去，就是最好的状态。

·设置奖惩措施，可以从小事做起

奖惩措施的设置和运行不一定要用于那些很宏大的事情上，应当把这种思维融入到日常生活中去，真正意义上地改变生活，而不是仅仅影响工作。

想要赖床的时候告诉自己："如果我能现在立刻起床就奖励自己一杯超喜欢的咖啡。"明知道走在路上玩手机很不安全可还是忍不住要点开手机的时候，告诉自己："只要我坚持从现在开始一路上不碰手机，就奖励自己在闲暇时间看一场电影。"

生活正是由这些细枝末节构成的，把优秀的思维方式融入到生活中去，会取得意想不到的效果！那么，不妨现在就想想接下来你需要做的事情吧，给自己设置小小的奖励或者惩罚，让自己充满动力地前进吧！

多给自己一些积极的暗示

心理暗示是指，人接受外界或他人的愿望、观念、情绪、判断、态度影响的心理特点，是人们日常生活中，最常见的心理现象。被暗示者会在无意中接受这种信息，并主观地感到顺从和妥协。

人很容易受到暗示的影响，有时这些暗示来自于外界，比如我们的父母朋友，有时这种暗示来自于自己的内心。关于暗示，科学家做过一个有趣的实验：

科学家们告诉一个班级里的男孩子，让他们给一个相貌平平、成绩平平的女生写信，在信中称赞她的美貌、赞扬她的才华，表达爱慕之情。一段时间后，这个女孩子真的变得自信、漂亮了很多，本人看上去和先前的照片有明显区别。

心理暗示的力量是极强的，当他人无法给我们积极的暗示时，我们可以自己给自己积极的心理暗示。

Sally一直自诩是个悲观主义者，她遇到什么事情第一时间想到的都是消极的一面，她一直尝试着改变自己敏感、内向的性格，可总是屡屡失败。她努力在一群人面前表现出积极、开朗的性格，可是这种"伪造"出来的状态坚持不了多久，这让她感到满心疲惫。

Sally常常为自己的敏感感到纠结，她自嘲自己有一颗"玻璃心"。比如，当身边出现比自己更优秀的人的时候，Sally常常感觉到自己黯淡无光，长久以来的自尊莫名其妙就被打破了；当与两个同事并排走一起的时候，Sally总觉得自己是多余的那一个，在这种情境下她宁可保持沉默不说话。

通过心理辅导，Sally清醒了很多，知道这一切只是因为自己"想多了"和"太悲观"。她意识到，一个人的性格是无法在短时间内改变的，而自己又不想受到担心、懦弱的心态的折磨。于是决定从"心理暗示"着手，不停地给自己积极的暗示，当脑海中出现一贯悲观的、消极的想法，她都会在第一时间内"开导自己"。

遇到比自己优秀的人，她不再感到自惭形秽，而是对自己说："两个优秀的人位于同一个公司中，就像两支蜡烛，一个人的光芒并不会掩盖另一个人的光芒，反而共同把这个大房间照亮了。"同事三人一同前行的时候，她告诉自己："我也很擅长与人交往啊，我的同事们都很喜欢我的，我们之间已经很熟了，不必再竖立极强的心理防线了。"

如此一来，Sally在生活中和工作中都变得乐观了很多。这种乐观不同于故意"伪造"出来的性格，而是骨子里的自我认可。

心理暗示不同于自我欺骗。前者是深知自身有足够的能力，只是缺乏自信和勇气，因此需要心理暗示来加强自我认同感。后者则是无中生有，给自己建造的一座海市蜃楼。

在我们漫长的一生中，会遇到许多形形色色的人，他们会给予你肯定，也会毫不留情地打击你，当你明白"心理暗示"的原理之后，希望你能以足够的理性面对外人口中毫无根据的评价，不要受那些负面的、不好的暗示影响。

了解一个人是很难的事情，与其向外界寻求肯定，不如向内寻找价值。自我暗示的更高层面是拥有信仰。一个拥有坚定不移的信仰的人，可以承受外来的一切轻易的否定、他人有意或无意给出的消极暗示，因为他们坚信，自己选择的道路是正确的，自己坚守的东西是正确的，自我暗示的最高境界就是拥有信仰。

在漫长的人生路上，希望你我都能成为一个拥有坚定不移的信仰的人，用以抵抗滚滚的社会洪流和无数尖牙利爪的伤害。